中国高等教育改革发展重大理论与实践问题研究年度报告2019

◎ 中国高等教育学会 组编

北京理工大学出版社
BEIJING INSTITUTE OF TECHNOLOGY PRESS

图书在版编目（CIP）数据

中国高等教育改革发展重大理论与实践问题研究年度报告．2019/中国高等教育学会组编．—北京：北京理工大学出版社，2020.6
ISBN 978-7-5682-8484-4

Ⅰ.①中… Ⅱ.①中… Ⅲ.①高等教育-教育改革-研究报告-中国-2019 Ⅳ.①G649.21

中国版本图书馆 CIP 数据核字（2020）第 086254 号

出版发行／北京理工大学出版社有限责任公司
社　　址／北京市海淀区中关村南大街 5 号
邮　　编／100081
电　　话／（010）68914775（总编室）
（010）82562903（教材售后服务热线）
（010）68948351（其他图书服务热线）
网　　址／http：//www.bitpress.com.cn
经　　销／全国各地新华书店
印　　刷／三河市华骏印务包装有限公司
开　　本／787 毫米×1092 毫米　1/16
印　　张／14.25
字　　数／197 千字
版　　次／2020 年 6 月第 1 版　2020 年 6 月第 1 次印刷
定　　价／78.00 元

责任编辑／刘兴春
文案编辑／李丁一
责任校对／周瑞红
责任印制／李志强

编 委 会

发挥新型教育智库作用 推进重大理论实践研究

（代序）

中国高等教育学会会长

教育部原党组副书记、副部长

杜玉波

“加强中国特色新型智库建设”是党的十九大做出的战略部署和明确要求，也是完善高等教育宏观管理、提升高等教育决策水平、实现高等教育治理体系治理能力现代化的关键任务和迫切要求。

党的十九大胜利召开之后，教育部党组就贯彻落实工作做出了全面部署、整体设计和统筹安排，拟在教育部层面部署“攻坚行动”，在机关司局单位层面实施“争先计划”，在地方和高校层面实施“重点工作指南”。

由中国高等教育学会组织实施的“中国高等教育改革发展重大理论实践问题研究”初步确定列入教育部“攻坚行动”，说明大家对推进高等教育改革发展全局性、关键性、前瞻性、迫切性重大问题的研究，具有广泛共识。

为了增强理论创新能力、资政服务能力、引领改革实践能力和国际对话能力，切实做好资政、资教、咨询服务工作，我们始终将对新型教育智库“新在哪里”的思考，融入“中国高等教育改革发展重大理论实践问题研究”的顶层设计和项目推进之中，初步提炼出“四个新”“四个真”的基本要求。

一是提倡新型教育智库建设的新境界，坚持“政治导向”，推动“重大理论实践问题研究”有“真创新”。这就要求课题研究深刻把握马克思主义的立场、观点和方法，切实保证研究方向不跑偏。要求课题研究真正做到总结好中国经验，真正做到反映教育规律，真正做到服务于教育改革创新。

二是强调新型教育智库建设的新思维，突出“问题导向”，促进“重大理论实践问题研究”抓“真问题”。这就要求课题研究切实联系“双一流”建设和新时代高等教育内涵式发展的新要求，切实保证研究路径不走弯路。要求课题研究真正做到立足改革实践，真正做到抓准突出问题，真正做到聚焦关键环节。

三是探索新型教育智库建设的新模式，注意“组织导向”，引领“重大理论实践问题研究”做“真研究”。这就要求课题研究做好扎扎实实的实证研究及案例库、数据库建设，推动新型教育智库的可持续发展，切实保证研究程序不走过场。要求课题研究真正集合学会系统组织优势推进联合调查研究；真正搭建起团队攻关的大平台，形成实证研究合力；真正广泛收集实践经验，共享规律性认知成果。提倡探索边实践、边研究、边应用、边总结、边宣传、边推广的研究模式，而不是从书本到书本、讲讲学术观点、搞搞文献综述、写写书面文章、编编理论著述。

四是做出新型教育智库建设的新贡献，抓好“成果导向”，确保“重大理论实践问题研究”成果“真管用”。这就要求课题研究切实满足科学决策、实践总结、理论创新等多方面需求，做好资政、资教、咨询服务，切实保证研究成果的推广应用不走形式。要求课题研究真正提供有实证支撑、有规律可循、有方法可依、有路径可行的重要咨询建议；真正做到不断提出具有操作性、实用性、专业性的咨询建议，研究成果要强化能够转化为政府决策的咨询建议，形成政策法规指导工作；真正让研究成果及时应用于高等教育改革实践，及时产生应用价值和社会效益。

（原载于《中国高等教育》2018 年第 2 期）

杜玉波

前　言

“加强中国特色新型智库建设”是党的十九大做出的战略部署和明确要求，也是完善高等教育宏观管理、提升高等教育决策水平、实现高等教育治理体系和治理能力现代化的关键任务和迫切要求。在2017年7月学会换届前后，时任国务院副总理刘延东，教育部党组书记、部长陈宝生及部党组其他领导，都对学会推进建设高等教育研究新型智库寄予殷切期望，提出了明确要求。

为贯彻、落实好中央领导同志的批示和部领导的讲话要求，新一届理事会在杜玉波会长的领导下，立足服务高等教育改革发展、服务政府部门宏观决策、服务高等学校办学实践、服务高等教育理论探索，围绕中心、服务大局，聚焦我国高等教育改革发展热点难点和现实问题，于2018年启动“中国高等教育改革发展重大理论与实践问题研究”重大专项工作，先后被列入2018年、2019年教育部“奋进之笔”攻坚行动。

重大专项研究包括7个专题：“习近平总书记关于教育的重要论述研究”“提升高校思想政治理论课教学的亲和力和针对性研究”“中国特色一流大学和一流学科建设标准及评价体系研究”“一流大学建设与一流本科教育的研究”“一流大学内部治理结构与人才战略研究”“高校招生选拔制度改革与人才培养创新研究”“高校服务国家战略需要和区域经济社会发展研究”。7个专题分别由中国人民大学校长刘伟、北京师范大学原党委书记刘川生、清华大学校长邱勇、南京大学原校长陈骏、国家民委原副部长级专职委员管培俊、上海交通大学原党委书记姜斯宪、郑州大学校长刘炯天等 7 位学会副会长领衔负责。

两年来，课题组围绕“真问题”做好“真研究”，逐步形成了“边实践、边研究，边应用、边总结，边宣传、边推广”的研究新模式，凝聚了一支高水平研究队伍，推出了一批高质量研究成果，搭建了一个交流提高工作平台，探讨出一种资政咨询服务的体制机制。课题组提交的阶段性研究报告，学会每月以《研究专报》的形式呈送教育部领导和相关司局，多次得到批示和认可；同时发表了一系列高质量的学术论文，取得了丰硕的研究成果。

及时梳理、归纳和总结重大专项的阶段性研究成果和经验十分必要，是高等教育新型智库建设的重要内容，有助于研究成果运用、实践经验推广和研究工作的深化。本年度报告选取 7 个课题的研究成果，同时吸收部分与课题相关的学术文章观点，力求从理论和实践层面阐释中国高等教育改革发展中的重大问题，展现课题组和相关专家的研究成果，希望能够为高等教育改革发展提供有益参考。

编　者

目　录

专题一

习近平总书记关于高等教育的重要论述研究

高等教育的发展，与当今世界经济、政治、科技、文化、社会变革发展等有着千丝万缕的联系，只有聆听时代的声音，回应社会的呼唤，跳出教育看教育，才能真正把握历史脉络、遵从发展规律、承担好时代重任和使命担当。纵观世界形势，当今世界正处于大发展大变革大调整时期，世界多极化、经济全球化、文化多元化、社会信息化深入发展，激烈的综合国力竞争越来越聚焦于科技、文化，特别是人才。聚焦当代中国，全面建成小康社会进入决胜阶段，经济社会发展进入新方位新常态，贯彻“五位一体”总体布局、“四个全面”战略布局和供给侧结构性改革等任务紧迫而艰巨；在向世界深度开放同世界深度互动中，实施“一带一路”倡议、建设世界科技强国、创新驱动发展战略等，都在呼唤高等教育有新担当、大作为。当前，我国高等教育发展已进入世界中上水平，正在逐步走向世界教育中心，服务经济社会发展能力显著提高，但整体上仍处于大而不强、现代化水平不高、办学活力不足、优质教育资源供给能力弱等状态。

围绕习近平总书记关于高等教育的重要论述，本专题主要从以下几个问题进行：第一，习近平总书记关于高等教育的重要论述的时代背景与现实意义，即为何对高等教育提出新希望、新要求、新理念；第二，习近平总书记关于高等教育的重要论述的主要内容和基本特征，即新时代背景下提出了哪些新希望新要求和新理念；第三，习近平总书记关于高等教育的重要论述的实现路径，即如何贯彻落实习近平总书记的新希望、新要求、新理念。

一、习近平总书记关于高等教育的重要论述提出的意义

就习近平总书记关于高等教育论述的时代背景和现实意义而言，学者们主要立足新时代高等教育发展的战略意义、高等教育发展的现实意义以及其高等教育思想的理论价值等方面展开论述。

（一）对高等教育发展的战略意义

找准高等教育的定位，是建设高等教育强国的重要前提。高等教育应该放到国内外大背景下来审视、考量和研判，应从“四个战略维度”找准我国高等教育所处的历史方位。首先，从国家发展的坐标来看，国之命脉，根在教育。一方面，高等教育发展水平，对于提高人的综合素质、促进人的全面发展、实现中华民族伟大复兴具有不容忽视的重大意义。科教兴国、人才强国、创新驱动发展等重大战略，都需要高等教育提供人才保障和智力支撑。培养社会主义事业的建设者和接班人是社会主义国家高等教育的根本任务。高等教育必须着眼建设社会主义现代化强国和实现中华民族伟大复兴的中国梦。另一方面，新时代，我国对高等教育的需要比以往任何时候都更加迫切。我国尽管已跃入世界经济大国行列，但发展不平衡、不协调、不可持续，创新能力薄弱，产业结构欠佳，是我国的基本国情。牢牢把握社会主义初级阶段这个基本国情，牢牢立足社会主义初级阶段这个最大实际，以习近平总书记提出的“富强民主文明和谐美丽的社会主义现代化强国”作为奋斗目标，由教育大国向教育强国迈进，已成为民族振兴、国家富强、社会进步的重要基石。实现新的发展目标，我们对科学知识和卓越人才的渴求比以往任何时候都更加强烈。习近平总书记指出：“‘两个一百年’奋斗目标的实现、中华民族伟大复兴中国梦的实现，归根到底靠人才、靠教育。”教育具有基础性、先导性、全局性地位和作用，“时代越是向前，知识和人才的重要性就愈发突出，教育的地位和作用就愈发凸显”“教育兴则国兴，教育强则国强”，通过教育让“青年一代有理想、有担当，国家就有前途，民族就有希望”。第二，从国际水平的坐标来看，致天下之治者在人才。世界近代史上成功实现跨越式追赶的国家大多崇尚“知识就是力量，人才就是未来”的原则。人才是衡量一个国家综合国力的重要指标，人才资源是经济社会发展第一资源。基于“综合国力竞争说到底是人才竞争”这一重要判断，立足我国国际竞争力持续增强这一基本现实，习近平总书记始终强调要把人力资源大国建设成为人力资源强国。我国14亿多人中蕴藏的智慧资源是最宝贵的，只有“教育上去了，将来人才就会像井喷一样涌现出来。这是最有竞争力的”。我国高等教育总体上已经走上世界舞台，普及水平进入世界中上行列。我国应该坚定办好中国特色社会主义大学的自信。习近平总书记指出，只有普及教育，才能“启迪心智，传承知识，陶冶情操，使人们在持续的格物致知中更好认识各种文明的价值，让教育为文明传承和创造服务”。第三，从现代化建设的坐标来看，党的十九大报告提出：“从2020年到2035年，在全面建成小康社会的基础上，再奋斗15年，基本实现社会主义现代化”①，将基本实现现代化的目标提前了15年，我国经济社会发展面临着巨大的压力和挑战。“新时代的中国大学必须全方位服务国家战略需要和经济社会发展，以实际行动肩负起时代赋予的责任和使命。”② 高等教育在国家现代化进程中的先导性和全局性地位更加凸显，在引领社会发展和推动民族复兴中的作用更加突出。面临实现社会主义现代化的目标，高等教育通过提高人的综合素质、促进人的全面发展，引领社会发展和推动民族复兴，在国家现代化进程中发挥着关键作用。第四，从“以人民为中心”的坐标来看，教育乃民生之基，是人们实现自身发展、创造美好生活的根本途径。受教育权利作为一项基本人权，既决定人的生存，更决定人的发展，即个体发展自身、奉献社会、造福人民的能力。受教育程度对个人的兴趣爱好、职业选择、收入待遇、社会地位乃至家庭生活与休闲娱乐产生决定性影响。“教育的本质就是通过传授知识、提高品德、启迪智慧，培养促进社会发展的人才。教育是提高每个人的生命质量、提升生命价值的重要途径。”③ 习近平总书记把教育视作“提高人民综合素质、促进人的全面发展的重要途径”和“人类传承文明和知识、培养年轻一代、创造美好生活的根本途径”。他要求，努力提供

---

① 党的十九大报告辅导读本［M］. 北京：人民出版社，2017：28.

② 刘炯天. 学习贯彻习近平总书记北京大学考察重要讲话精神［J］. 中国高教研究. 2018（6）：1-5.

③ 顾明远. 习近平教育思想指引中国教育改革和发展前进方向［N］. 中国教育报. 2017-07-26.

和创造“更好的教育”，从而使“孩子们能成长得更好、工作得更好、生活得更好”。随着我国高等教育迈向普及化阶段，接受高等教育越来越成为人民群众的普遍需求。[①] 习近平总书记因而把教育放在民生保障和社会建设的首位，强调要办好人民满意的教育，着力使人民获得感、幸福感、安全感更加充实、更有保障、更可持续。[②]

（二）对高等教育发展的现实意义

从党的十八大以来，党和国家的高等教育事业继往开来，社会和人民的关注点从“有学上”到“上好学”，从“学有所教”到“学有优教”，从“高等教育大国”到“高等教育强国”，我国高等教育发展的背景发生了深刻变化，这就要求高等教育直面新的社会现实。

自党的十二大以来，教育一直是国之重器，不断推动我国的经济和社会发展。党的十二大指出：“一定要牢牢抓住农业、能源和交通、教育和科学这几个根本环节，把它们作为经济发展的战略重点”[③]，希望借助教育的力量支撑经济建设，把教育作为经济发展的战略重点之一，教育第一次被列入了国家战略。党的十三大指出：“必须坚持把发展教育事业放在突出的战略位置”，教育的国家战略地位得到了进一步巩固。党的十四大指出：“必须把教育摆在优先发展的战略地位，努力提高全民族的思想道德和科学文化水平，这是实现我国现代化的根本大计”[④]，这是中国共产党执政历史上第一次明确提出把教育摆在优先发展的战略地位。党的十五大报告指出：“发展教育和科学，是文化建设的基础工程”，“要切实把教育摆在优先发

---

① 杜玉波．新时代高等教育的历史方位和发展走向［J］．中国高教研究，2018，（12）：1－4.

② 俞可：建设教育强国为民族复兴奠基［EB/OL］．2017－12－07. http://www.china.com.cn/opinion/theory/2017－12/07/content_ 41972709.htm.

③ 1982 年－中国共产党新时期历史大事记增订本：1978.12～2008.3［EB/OL］．2011－05－25. http://www.zgdsw.org.cn/GB/218994/219016/220642/14737900.html.

④ 李鹏：动员起来，为实施《中国教育改革和发展纲要》而努力［EB/OL］．1994－06－14. http://cpc.people.com.cn/GB/64184/64186/66685/4494193.html.

展的战略地位”[①]。党的十六大报告指出：“教育是发展科学技术和培养人才的基础，在现代化建设中具有先导性全局性作用，必须摆在优先发展的战略地位”[②]。党的十七大报告指出：“优先发展教育，建设人力资源强国”[③]。党的十八大指出：“教育是民族振兴和社会进步的基石”，“要坚持教育优先发展”[④]。党的十九大指出：“建设教育强国是中华民族伟大复兴的基础工程，必须把教育事业放在优先位置”[⑤]。在历史的脉络中我们不难发现，从提出把教育事业“作为经济发展的战略重点”到“突出的战略位置”，再到“优先发展的战略地位”，党对教育事业战略地位的认识是一个不断深化和发展的过程。[⑥] 十九大报告中，坚持全面深化改革被列为新时代坚持和发展中国特色社会主义的十四条基本方略之一，而推进全面深化改革，教育始终是绕不开、更是不能绕开的一个方面。高等教育更是全面深化改革的重点领域。新时代下，我国提出的加快“双一流”建设表明，中国高等教育正在成为“教育系统改革的排头兵”[⑦]，为实现从教育大国到教育强国的历史性跨越铺路。

党的十八大以来的五年，是教育改革加速深化的五年，我们解决了许多长期想解决而没有解决的难题，办成了许多过去想办而没有办成的大事，使中国特色社会主义教育事业取得重大成就，如中央全面深化改革领导小组审议通过的 19 个教育改革文件，从县域内城乡义务教育一体化到“双一

---

① 江泽民在中国共产党第十五次全国代表大会上的报告［EB/OL］. 1997－09－12. http://cpc. people. com. cn/GB/64162/64168/64568/65445/4526285. html.

② 江泽民在中国共产党第十六次全国代表大会上的报告［EB/OL］. 2002－11－08. http://cpc. people. com. cn/GB/64162/64168/64569/65444/4429118. html

③ 张力. 优先发展教育、建设人力资源强国的战略意义［EB/OL］. 2007－10－29. https://www. chsi. com. cn/jyzx/200710/20071029/1436669. html.

④ 胡锦涛在中国共产党第十八次全国代表大会上的报告［EB/OL］. 2012－11－08. http://cpc. people. com. cn/18/n/2012/1109/c350821－19529915. html

⑤ 习近平在中国共产党第十九次全国代表大会上的报告［EB/OL］. 2018－03－19. http://cpc. people. com. cn/n1/2017/1028/c64094－29613660. html

⑥ 杨智军，覃吉春. 习近平新时代中国特色社会主义高等教育思想的现实动因、基本特征及实践启示［J］西南交通大学学报（社会科学版）. 2018（19）：7－11.

⑦ 邓力群，王玉钰. 习近平高等教育思想研究［J］. 四川理工学院学报（社会科学版），2017（5）：62.

流”建设，从考试招生制度改革到促进高校毕业生基层就业，从扩大教育对外开放到深化教育体制改革，全面发力、多点突破、纵深推进，涉及范围之广、出台方案之多、触及利益之深、推动力度前所未有，基本确立了教育工作各领域具有“四梁八柱”性质的改革主体框架，有力推动中国特色社会主义教育事业取得新进展、实现新突破、迈上新台阶。党的十八大以来的五年，是人民的教育获得感显著增强的五年。全国九年义务教育巩固率达93.4%（2016），普及水平超过高收入国家平均水平。高等教育毛入学率达到42.7%（2016），超过中高收入国家平均水平。中国已经成为亚洲最大、全球第三的留学目的地国。中小学互联网接入率由2012年的25%提升至2016年的94%，多媒体教室的配置比例从不到40%增加到80%，全国6.4万个教学点实现数字教育资源全覆盖。第三方评估表明，我国教育总体发展水平跃居世界中上行列。作为一个发展中的人口大国，中国教育事业已站在新的历史起点上。①

面对我国社会主要矛盾转化，我们需要进一步破解教育公平、质量提升和可持续发展的难题。当前，我国社会主要矛盾已经转化为人民日益增长的美好生活需要和不平衡不充分的发展之间的矛盾。教育的改革发展，还不能完全适应人的全面发展和社会发展全面进步的新要求，还不能完全满足人民群众对“上好学”的现实需要。教育治理能力与治理体系现代化尚需推进，教育体制机制中深层次障碍尚需破解，教育工作者推进改革的动力和活力尚需激发。随着人民生活显著改善，对美好生活的向往愈发强烈，教育需求日趋多元多层多面，我国教育发展仍面临许多重大挑战、重大风险、重大阻力、重大矛盾。站在中国教育发展的历史制高点上远眺，作为最基础的民生事业，新时代中国教育发展的恢宏蓝图业已铺展。②

---

① 党的十八大以来中国教育改革发展取得显著成就［EB/OL］. 2017－10－17. http://www.gov.cn/zhuanti/2017－10/17/content_5232238.htm.

② 俞可：建设教育强国为民族复兴奠基［EB/OL］. 2017－12－07. http://www.china.com.cn/opinion/theory/2017－12/07/content_41972709.htm.

从党的十八大到十九大，“我国高等教育领域贯彻落实教育规划纲要，实现了质量提升、内涵发展的历史性转折。我国高等教育的发展环境从规模扩张向结构调整转变，发展定位从适应服务向支撑引领转变，发展方式从外延式发展向内涵式发展转变，发展动力从要素驱动向改革驱动转变。”① 新时代下，我国高等教育大众化水平明显提升；高等教育为社会输送了数以万计专门人才，服务经济社会发展富有成效；随着《高等教育法》颁布并进行修订，依法治教、依法治校的格局正在加快形成，高等教育领域综合改革全面推进；高等教育国际影响力继续扩大。

一方面，经过长期努力和发展，我国高等教育事业发生了深层次的历史性变化，增强了对高等教育发展的自信；另一方面，也需要清醒地认识到，高等教育也面临前所未有的重大挑战：“一是高等教育从原来对经济社会发展发挥基础性支撑作用转向支撑和引领作用并重，其地位和作用正在发生着深刻的变化。但是从当前高等教育的结构、质量和效益来看，距离实现经济社会发展对其功能和作用的要求还有很大距离。这种差距，恰恰也是高等教育提升质量的巨大空间。二是高等教育从大众化阶段向普及化阶段转变，其体量规模正在发生着明显的变化。但短期内高等教育的快速大规模增长，带来的办学压力需要一个时期来化解，以保证高等教育的持续健康发展。这就要求在发展战略上从以规模扩张为主要特征的外延式发展，转到以质量提升为基本特征的内涵式发展上来。三是高等教育从相对单一结构向多样化办学结构转变，其结构类型正在发生着显著的变化。高等教育过分关注规模发展，而忽视了学科专业、类型层次、内外部管理等结构的调整，影响了其整体效能的发挥。通过进一步深化综合改革，推进管办评分离、落实高校自主权、推动分类管理分类发展、鼓励社会力量参与办学，优化调整高等教育结构的需求越来越迫切。四是高等教育的对象群体正在发生着深刻的变化，现在的大学生都是 20 世纪 90 年代、甚至是

① 杜玉波．坚定中国特色高等教育自信［N］．光明日报．2017－10－13．

21世纪初出生的，迫切需要高校创新教育理念，改革课堂教学模式，提高教材编写质量，以适应他们的思维方式、认知范式和交际行为等特点。五是高等教育的环境格局在发生深刻变化，从外部的技术环境来看，以信息科技革命为先导，以新材料科技为基础，以新能源科技为动力，以空间科技为外延，以生命科技为战略重点，以互联网、大数据、人工智能等为代表的全方位科技革命，给世界各国都带来了重大而深远影响，有的影响甚至是颠覆性的。高校的人才培养目标、专业结构和课程体系都应随之改变。从国际环境看，我国高等教育总体上正在日益走向世界教育的中心，未来高等教育将更多地参与国际竞争与治理。高等教育国际化的深入发展带来教师和学生的跨国界流动，也促进我国大学更加注重教学科研水平的提高，在日益激烈的竞争环境下，必须形成富有活力和特色的高等教育中国模式，才能在全方位的国际竞争中立于不败之地。”①

习近平总书记关于高等教育的重要论述推动了中国特色社会主义高等教育事业的改革发展。中国进入新时代之后，高等教育的改革与发展直接关系到国家的前途与命运。习近平总书记提出，建设教育强国是中华民族伟大复兴的基础性工程。高等教育较之基础教育，对经济社会发展的支撑和引领作用更强，因此，建设高等教育强国是重中之重。“双一流”建设是建设高等教育强国的必由之路。

习近平总书记关于高等教育的重要论述为中国特色社会主义事业提供强有力的智力基础。习近平总书记关于高等教育的重要论述的核心是坚持教育公平、提高教育质量，这已经成为中国高等教育政策的基本价值观。在这种价值观的指引下，中国高等教育发展进入快车道，为中国特色社会主义事业提供了源源不断的人才保障。②

---

① 杜玉波．新时代高等教育的历史方位和发展走向［J］．中国高教研究，2018（12）：1-4.
② 刘伟．习近平新时代中国特色社会主义高等教育思想研究［J］．中国高教研究．2018（4）：1-4.

（三）对高等教育理论的贡献

习近平总书记关于高等教育的重要论述体现了“六个相统一”，即以人民为中心的价值取向与党性原则相统一，中国立场与世界眼光相统一，重视理论创新与贴近实践进程相统一，注重顶层设计与坚守底线思维相统一，问题意识与目标导向相统一，思想内涵的深刻性与话语表达的亲和性相统一。[①] 从理论渊源上看，习近平总书记关于高等教育的重要论述是习近平新时代中国特色社会主义思想的重要组成部分；是对马克思主义教育思想的继承和发展；是中国特色社会主义高等教育事业发展实践的最新理论成果。具体而言：

习近平总书记关于高等教育的重要论述是习近平新时代中国特色社会主义思想的重要组成部分。党的十九大提出习近平新时代中国特色社会主义思想这一科学概念，并根据新的实践对经济、政治、法治、科技、文化、教育、民生等各方面工作做出了新的战略部署和政策指导。习近平总书记关于高等教育的重要论述始终围绕中国特色社会主义现代化建设的宏伟目标蓝图，与习近平新时代中国特色社会主义思想是部分与整体的关系，与习近平新时代中国特色社会主义思想的基本理论观点相互贯通、有机衔接。纵观习近平新时代中国特色社会主义思想关于“五位一体”总体布局和“四个全面”战略布局的重要论述，高等教育都是其中的重要内容。

习近平总书记关于高等教育的重要论述是对马克思主义教育思想的继承和发展。习近平总书记关于高等教育的重要论述内容丰富深刻，继承了马克思主义教育理论和毛泽东、邓小平的教育思想，同时在中国特色社会主义实践中不断总结经验，形成了新时代高等教育改革发展的新观点新思想新理念。习近平总书记关于高等教育的重要论述在马克思主义教育思想发展史中具有继往开来、承上启下的作用。习近平总书记关于高等教育的

---

① 杨晓慧．习近平关于教育重要论述的思想定位逻辑体系、理论特质［J］．思想理论教育导刊．2018（12）：38－42.

重要论述，始终坚持马克思主义关于教育的人民立场、促进人的全面发展的教育根本目的、教育与生产劳动相结合的基本原则、要坚持社会主义的办学方向道路等基本观点，内在延续和传承了马克思主义教育思想的根本立场、基本观点和理论精髓，集中体现了马克思主义的精神实质和价值追求，闪耀着马克思主义的真理光辉。

习近平总书记关于高等教育的重要论述是中国特色社会主义教育事业发展实践的最新理论成果，是在新的时代背景和实践条件下创立并不断发展起来的。党的十八大以来，以习近平同志为核心的党中央，统揽伟大斗争、伟大工程、伟大事业、伟大梦想，贯彻落实创新、协调、绿色、开放、共享的新发展理念，推动党和国家事业发生了历史性变革。中国特色社会主义事业取得的全方位、开创性成就，催生和孕育了习近平新时代中国特色社会主义思想，同时也为习近平总书记关于高等教育的重要论述提供了更强的实践广度、现实深度和历史厚度。高等教育作为中国特色社会主义事业的重要领域，也在十八大以来取得了显著成就，展现了中国特色社会主义教育事业发展的新气象，为促进经济发展、社会和谐、文化繁荣做出重要贡献。① 习近平总书记关于高等教育的重要论述不仅指明了中国当代教育科学的发展方向，而且拓宽了当代中国教育科学发展的道路。立德树人是高等教育的基本任务，扎根中国大地办大学是高等教育发展的必由之路。中国教育科学必须立足本土，解决中国问题，形成中国学派。

二、习近平总书记关于高等教育的重要论述的主要内容和基本特征

习近平总书记关于高等教育的重要论述主要内容和基本特征是学者们的研究重点，也是习近平总书记关于高等教育重要论述的核心所在。党的

---

① 杨晓慧．习近平关于教育重要论述的思想定位逻辑体系、理论特质［J］．思想理论教育导刊．2018（12）：38－42．

十八大以来，习近平总书记在全国高校思想政治工作会议、全国高校党的建设工作会议、全国教育大会和学校思想政治理论课教师座谈会等多个重大场合上都做了重要讲话，对高等教育的应有之义做了具体界定。其中，在全国教育大会上，用“九个坚持”梳理概括了党的十八大以来习近平总书记关于教育尤其是高等教育论述的高度概括，“九个坚持”被认为是对习近平总书记关于高等教育论述的高度概括，学者们也从各自的视角对习近平总书记的重要论述进行了深入解读。

（一）主要内容

1. 坚持党对高等教育事业的全面领导

2016 年 12 月 7 日在全国高校思想政治工作会议上，习近平总书记指出，“我们高校是党领导下的高校，是中国特色社会主义高校。办好我们的高校，必须坚持以马克思主义为指导，全面贯彻党的教育方针”，“办好我国高等教育，必须坚持党的领导，牢牢掌握党对高校的领导权，使高校成为坚持党的领导的坚强阵地”，“高校党委对学校工作实行全面领导，承担管党治党，办学治校主体责任，把方向、管大局、做决策、保落实”。[①]

坚持党对教育工作的领导，是中国特色社会主义教育事业的本质特征。中共中央政治局委员、国务院副总理孙春兰写道，“我国有 51 万多所学校、2.7 亿在校学生、1600 多万名教师，教育体量世界最大，但区域、城乡、校际之间的发展还不平衡，群众的教育需求差异很大。如何运行好、发展好这样庞大而复杂的教育体系，加强党的领导是根本保证。”[②] 教育部党组书记、部长陈宝生在学习习近平总书记关于教育重要论述时指出，“中国特色社会主义最本质的特征就是坚持中国共产党的领导，办好中国的事情，关键在党。各级各类学校都要加强党的领导，在党的旗帜下推进教育事业

---

① 《习近平谈治国理政》（第二卷），外文出版社 2017 版，第 379 页。

② 孙春兰：深入学习贯彻习近平总书记关于教育的重要论述　奋力开创新时代教育工作新局面［EB/OL］. 2018－09－30. http://www.qstheory.cn/dukan/qs/2018－09/30/c_ 1123498429. htm.

的发展，离开了这一点，就会走偏方向。总书记的这些论述，为全面提升教育系统党的建设科学化水平，把党对教育的领导落实到办学治校全过程，牢牢坚持社会主义办学方向，提供了强大思想武器。”[①] 坚持党的领导是建设教育强国的根本。要牢牢把握高校意识形态工作的领导权，着力培养德智体美劳全面发展的社会主义建设者和接班人，培养担当民族复兴大任的时代新人，不能只教书不育人、轻视育人工作，甚至放松思想政治教育、弱化党对高校的全面领导。创办世界一流大学必须坚持和完善党对高校的领导。党委领导下的校长负责制是我国高等学校的根本制度，是高校坚持社会主义办学方向的重要保证，必须毫不动摇、长期坚持并不断完善。

2. 坚持把立德树人作为根本任务

党的十八大报告指出，要“把立德树人作为教育的根本任务”。在全国高校思想政治工作会议上，习近平总书记指出，“高校立身之本在于立德树人”，“要坚持把立德树人作为中心环节，把思想政治工作贯穿教育教学全过程，实现全程育人、全方位育人，努力开创我国高等教育事业发展新局面”。

育人为本，德育为先，以立德树人为高等教育的根本任务和宗旨。人才培养是育人和育才相统一的过程，而育人是本。教育最根本的任务就是要完成好、履行好立德树人的职责，培养造就中国特色社会主义事业建设者和接班人。立德树人要求高等教育事业不仅要传授知识、培养能力，更要把培育和弘扬社会主义核心价值观落实到推进教育治理体系和治理能力现代化中去，引导学生树立正确的世界观、人生观、价值观。立德树人就是要坚持以人为本、德育为先，始终坚持正确政治方向，培育和践行社会主义核心价值观，引导学生扣好人生的第一粒扣子。高校的立校之本在于立德树人，所有高校都应把持守立德树人作为中心环节。只有培养出德才

① 陈宝生：认真学习贯彻全国教育大会精神　开启加快教育现代化、建设教育强国新征程［EB/OL］. 2018 - 09 - 25. http://www.moe.gov.cn/jyb_xwfb/moe_176/201809/t20180925_349768.html.

齐彰的一流人才的大学，才能够称得上是一流大学。任何对立德树人工作的松懈和言行贬损，都是对大学根本使命和责任担当的背离。

立德树人首先是新时代中国特色社会主义事业建设的时代要求，具有鲜明的时代价值。立德树人是要解决好培养什么人、怎样培养人以及为谁培养人这一基本问题。要牢固确立人才培养在高校工作当中的中心地位，要着力培养品德优良、知识丰富、本领过硬的高素质专门人才和拔尖创新人才。高校要牢固树立主动为社会服务的意识，利用高校资源丰厚、人才汇聚、学科综合交叉的能力优势，加强与行业、企业、相关部门和地方政府的合作，拓展社会服务面向，全方位地开展服务。①

3. 坚持优先发展教育事业

2016 年 9 月 9 日习近平总书记在北京八一中学考察时强调“各级党委和政府要坚持把教育放在优先发展的战略位置，强化责任意识，及时研究解决教育改革发展的重大问题和群众关心的热点问题”。2017 年 10 月 18 日，习近平总书记在党的十九大报告中明确提出，“建设教育强国是中华民族伟大复兴的基础工程，必须把教育事业放在优先位置，深化教育改革，加快教育现代化，办好人民满意的教育。”2018 年 9 月 10 日，习近平总书记出席全国教育大会并提出“九个坚持”，其中第一个坚持就是要“坚持优先发展教育事业”。

习近平总书记在全国教育大会上讲到，“教育是民族振兴、社会进步的重要基石，是功在当代、利在千秋的德政工程，对提高人民综合素质、促进人的全面发展、增强中华民族创新创造活力、实现中华民族伟大复兴具有决定性意义。教育是国之大计、党之大计。”正因为教育对当代社会的基础性、先导性、决定性作用，我国自改革开放以来，便强调教育的重要性。从“科技是第一生产力”到“科教兴国”，从“人才强国”到“教育优先发展战略”，坚持优先发展教育事业是中国特色社会主义教育理论体系中一

① 刘伟．习近平新时代中国特色社会主义高等教育思想研究［J］．中国高教研究．2018（4）：1－4.

以贯之的战略思想。坚持把优先发展教育事业作为推动党和国家各项事业发展的重要先手棋，不断使教育同党和国家事业发展要求相适应、同人民群众期待相契合、同我国综合国力和国际地位相匹配。

当今世界正在经历百年未有之大变局，科技创新从未像今天这样深刻影响世界经济政治力量对比、成为国际竞争力的关键。过去我们是“穷国办大教育”，困难多、底子薄，很不容易。现在是“大国办强教育”，既要补短板、又要提质量，仍然必须优先发展教育事业，以教育现代化支撑国家现代化。发展是解决我国高等教育主要矛盾的必由之路。发展是当今世界共同的主题。高等教育是培养人的事业，我国高等教育发展起步较晚，资源供给不足，办学水平有待提高，教育质量对经济社会发展的作用还没有完全释放出来。发展是进一步释放高等教育红利、解决我国高等教育长期存在的数量不足、水平不高的根本路径。

发展应处理好高等教育与经济社会发展的关系，优先发展高等教育事业，以高等教育的充分发展支持和引领经济社会发展，促进经济社会转型。贯彻优先发展，应切实保证经济社会发展规划优先安排高等教育发展，财政资金优先保障高等教育投入，公共资源优先满足高等教育和人力资源开发需要。发展必须落实学生主体地位，以教师为主导，充分发挥学生的主动性，促进学生成长成才。发展应坚持公平原则，保障公民依法享有接受高等教育的权利。具体而言，优先发展教育有三个主要衡量指标：一是财政性教育经费占 GDP 的比例。二是一般公共预算支出中教育支出的增长率，并与其他民生支出相比，考察教育在其中是否优先。三是教育经费“三个增长”指标——各级政府教育财政拨款的增长应高于财政经常性收入的增长、按在校学生人数平均的教育费用逐步增长、教师工资和学生平均公用经费逐步增长。

4. 坚持社会主义办学方向

2018 年 5 月 2 日，习近平总书记在北京大学师生座谈会上明确提出，“马克思主义是我们立党立国的根本指导思想，也是我国大学最鲜亮的底色”。2018年9月10日，习近平总书记在全国教育大会上再次强调，要在党的坚强领导下全面贯彻党的教育方针，坚持马克思主义指导地位，坚持中国特色社会主义发展道路，坚持社会主义办学方向。

培养什么人、怎样培养人、为谁培养人，是教育的根本问题。习近平总书记明确要求，我们办的是社会主义教育，要培养社会发展、知识积累、文化传承、国家存续、制度运行所要求的人，培养一代又一代拥护中国共产党和我国社会主义制度、立志为中国特色社会主义奋斗终身的有用人才。这是我们思考和谋划教育工作的逻辑起点，也是必须牢牢把握的正确政治方向。要坚持教育为人民服务、为中国共产党治国理政服务、为巩固和发展中国特色社会主义制度服务、为改革开放和社会主义现代化建设服务，真正做到为党育人、为国育才。“阶级社会中占主导地位的教育都反映统治阶级的利益和需要，从属于统治阶级建构的社会经济政治制度，成为这一社会进行统治的重要工具，在阶级社会里，‘超阶级’或‘超政治’的教育是根本不存在的。”① 坚持高等教育的社会主义政治方向，核心和关键在于加强和坚持党对高等教育的领导；坚持高等教育的社会主义政治方向，必须全面贯彻党的教育方针；坚持高等教育的社会主义政治方向，必须坚持党委领导，通过党委领导来具体实现。高校党委对学校工作实行全面领导，承担管党治党、办学治校主体责任，把方向、管大局、作决策、保落实。高校党委主体责任的明确，是对高校党委领导下的校长负责制进一步明确和深化，有力地强化和保障了高等教育社会主义方向的落实与贯彻。②

5. 坚持扎根中国大地办教育

扎根中国大地办教育是习近平总书记关于教育重要论述的重点。2013年8月19日在全国宣传思想工作会议上，习近平总书记提出，“宣传阐释中国特色，要讲清楚每个国家和民族的历史传统，文化积淀、基本国情不

---

① 王道俊，郭文安．教育学［M］．北京：人民教育出版社，2009：54.

② 邓丽群，王玉珏．习近平高等教育思想研究［J］．四川理工学院学报（社会科学版）．2017（10）：57－70.

同，其发展道路必然有自己的特色。”他指出，我们要发展具有“中国特色、世界水平”的现代高等教育体系。习近平总书记2014年在北京大学考察期间指出，“办好中国的世界一流大学，必须有中国特色。世界上不会有第二个哈佛、牛津、斯坦福、麻省理工、剑桥，但会有第一个北大、清华、浙大、复旦、南大等中国著名学府。我们要认真吸收世界上先进的办学治学经验，更要遵循教育规律，扎根中国大地办大学。”2016年12月7日，习近平总书记在全国高校思想政治工作会议上指出，“我国有独特的历史、独特的文化、独特的国情，决定了我国必须坚定不移走自己的高等教育发展道路，扎实办好中国特色社会主义高校。我们要扎根中国、融通中外，立足时代、面向未来，坚定不移走自己的路。扎根中国特色办高等教育与建设世界一流大学是统一的，只有扎根中国才能更好走向世界。”

我国5000多年的文明史，孕育了学无止境、有教无类、因材施教等深厚的教育思想。只有植根于中国历史和现实的土壤中，接受中国政治、经济、文化的滋养，才能促使新时代的中国教育事业在全球范围内拥有自己的一席之地；只有深刻了解我国的独特国情，全面深化教育领域综合改革，才能切实解决新时代教育发展中的不平衡不充分问题；只有培养出符合党和国家事业发展需要的人才，为人民服务、为中国共产党治国理政服务、为巩固和发展中国特色社会主义制度服务、为改革开放和社会主义现代化建设服务，才能最大程度发挥教育的价值。此外，新中国成立以来，在不到70年的时间里，我国教育总体发展水平进入世界中上行列，成就非常了不起，彰显了党的宗旨和我国的制度优势、政治优势。这些都是我们坚定教育自信的底气。我国教育还存在一些问题，但照搬别国经验是解决不了的，必须扎根中国大地，探索更多符合国情的办法，让中国特色社会主义教育发展道路越走越宽广。高等教育的建设与发展不是脱离于现实的抽象想象，而是根植于国家、社会、人民的社会实践，高等教育规律既具有一般性，更具有特殊性。我们要学习借鉴世界高等教育先进的教育经验，但更要立足中国实际办高等教育。从历史传统的角度看，我们必须要继承延续中华民族先贤的教育思想的智慧与精华，这既契合教育主体的心理认知，也展现高等教育的中国特色。从现实基础来看，中国没有经历西方长期近代化的历程，我国高等教育的社会基础比西方高等教育更为复杂。中国独特的历史，独特的国情，尤其是社会主义建设事业对高等教育的质的规定和迫切的现实诉求，要求高等教育必须遵循规律，立足国情，实现历史与现实，自我与他者的有机结合，形成中国特色的高等教育发展理念与办学模式、教学理论，实现高等教育的时代使命与价值。①

扎根中国大地创办世界一流大学必须服务于中国经济社会发展。中国大学必须遵循社会需求逻辑，以支撑创新驱动发展战略、服务经济社会为导向，优化学科结构，凝练学科发展方向，突出学科建设重点，办成高素质新型人才培养高地、科技自主创新高地，不断增强自主创新能力。中国大学必须立足本土进行理论创新。只有以中国实际为研究起点，提出具有主体性、原创性的理论观点，构建具有自身特质的学科体系、学术体系、话语体系，我国哲学社会科学才能形成自己的特色和优势。

扎根中国大地创办世界一流大学必须根植于中国的优秀文化。一个国家的高等教育模式是与其文化相适应的。因此，办好世界一流大学，不仅要借鉴国际上先进的办学治学经验，还要充分考虑由民族国家的文化传统带来的必然差异。

扎根中国大地创办世界一流大学必须坚持和完善党对高校的领导。党委领导下的校长负责制是中国共产党对国家举办的普通高校领导的根本制度，是高校坚持社会主义办学方向的重要保证，必须毫不动摇、长期坚持并不断完善。②

陈宝生（2017）对如何贯彻扎根中国大地办大学精神提出了几点意

① 孙春兰：深入学习贯彻习近平总书记关于教育的重要论述　奋力开创新时代教育工作新局面［EB/OL］. 2018-09-30. http://www.qstheory.cn/dukan/qs/2018-09/30/c_1123498429.htm.

② 周光礼，薛欣欣：扎根中国大地办大学——中国共产党创办新型高等教育八十年论坛综述［EB/OL］. 2017-12-15. http://www.nies.net.cn/jyyj/jyyj_xshd/201712/t20171215_325506.html.

见。他认为，在新的历史起点上办好中国特色高等教育，需要探索回答六个问题。一是回答好“举什么旗、走什么路”。要紧紧结合我们党革命、建设、改革的历史进程，始终坚定社会主义办学方向，办好有中国特色的社会主义大学。二是回答好“以什么样的精神状态实现什么样的奋斗目标”。经过改革开放特别是党的十八大以来的发展，我国高等教育正在走近世界高等教育中心。要统筹推进世界一流大学和一流学科建设，朝着高等教育强国目标迈进。三是回答好“培养什么样的人、为谁培养人、怎样培养人”。要坚持立德树人这一根本任务，把思想政治工作贯穿教育教学全过程，培养德智体美全面发展的社会主义事业建设者和接班人。四是回答好“从哪里来、到哪里去、朝着什么方向前进”。要深刻把握中外教育发展历史规律，扎根中国、融通中外，立足时代、面向未来，走适合自己的高等教育发展道路。五是回答好“搭什么台、唱什么戏、创什么业”。要围绕合理定位、办出特色，加强从顶层设计到微观操作的思考探索，切实增强核心竞争力，全面提高人才培养能力。六是回答好“种什么树、成什么林、结什么果”。要坚持不懈培育优良校风和学风，营造良好政治和学术生态，培养德才兼备、全面发展的人才。①

6. 坚持以人民为中心发展教育

2013 年 9 月 25 日，习近平总书记在致联合国“教育第一”全球倡议周年纪念活动的贺词中说，“中国将坚定实施科教兴国战略，始终把教育摆在优先发展的战略地位，不断扩大投入，努力发展全民教育、终身教育，建设学习型社会，努力让每个孩子享有受教育的机会，努力让 13 亿人民享有更好更公平的教育，获得发展自身、奉献社会、造福人民的能力。”

以人民为中心发展教育应当成为教育发展的价值追求，人民群众的教育获得感是教育发展的最终指向。我们要坚持以人民为中心的教育发展思

---

① 陈宝生．扎根中国大地办大学——中国共产党创办新型高等教育八十年论坛综述上的讲话，2017－09－23.

想，抓住人民最关心最直接最现实的利益问题，不断实现好、维护好、发展好最广大人民根本利益，努力使全体人民学有所教，学有良教，努力让每个孩子享有受教育的机会，努力让13亿人民享有更好更公平的教育。以人民为中心发展教育，既是我国教育事业改革发展的基本经验，又是以人民为中心的治国理政理念在教育领域的具体体现。这些深刻阐明了我国教育的社会主义性质，又鲜明表达了我国教育的人民立场。习近平总书记以人民为中心的教育发展思想，集中体现在让人民“有学上”和“上好学”，即促进教育公平和提高教育质量。当前，我国教育有了长足的发展，“有学上”的问题总体上基本解决，“上好学”的需求更加凸显。教育坚持以人民为中心的发展思想，就是要解决教育发展不平衡不充分问题，扩大优质资源供给，办好人民满意的教育，让教育改革发展成果惠及全体人民，努力增加人民群众的教育获得感，践行中国特色社会主义教育事业的根本宗旨。

7. 坚持深化教育改革创新

习近平总书记在很多重要讲话中都对全面深化教育综合改革做出了论述，涉及教育改革的工作原则、教育体制改革、考试招生制度改革、人才发展机制改革、提升教育服务经济社会发展能力等重大问题。2018年9月10日，习近平总书记在全国教育大会上指出，“要坚持我国教育现代化的社会主义方向，坚持教育公益性原则，把教育公平作为国家基本教育政策，大力推进教育体制改革创新。”“要深化办学体制和教育管理改革，充分激发教育事业发展生机活力，要提升服务经济社会发展能力，要扩大教育开放，提升我国教育世界影响力。”

改革创新是高等教育优质发展的强大动力。改革释放巨能，创新引发机运。20世纪中后期，我国高等教育的大改革创造了大发展的奇迹；进入新世纪，能否以新的大改革促进质量大提高，提振优质发展信心，是国人的热切期盼。改革由问题倒逼而发生，又在不断破解难题中得以深化。推进高等教育综合改革，就是要着力破除体制机制障碍，最大限度地增强高等学校的办学活力。高教体制改革旨在推进高等教育治理体系和治理能力现代化。治理和制度是一个国家高等教育性质、活力和竞争力的根本问题。推进高等教育改革，体制机制改革是关键。新中国成立后，经过不断学习和摸索，建立起与计划经济相适应的高等教育管理体制，较好地促进了经济社会发展。改革开放后，国家经济体制开始发生深刻变革，社会主义市场经济改革目标逐步确立，高等教育管理体制机制必须做出相应的调整，才能激发和释放高校办学活力。高教体制改革从开始就将目标指向建立起“中央和省两级管理、以省级政府为主”的管理体制和高校面向社会“依法自主办学”的运行机制。推进高等教育改革，根本目的是全面提高教育质量。检验新的改革成功与否的根本标准是全面提高人才培养质量、促进社会公平，优化高教发展生态环境，切实增强高校服务和推动经济社会发展的能力。推进高等教育改革，观念变革是先导。世纪之交的改革与发展，影响巨大，意义深远。我国高等教育事业发展的一个重要经验就是处理好改革、发展与稳定的关系。

深化教育改革创新，既是中国特色社会主义教育发展实践的基本经验，又是我国教育事业发展的根本动力所在，也是新时代教育改革发展的必由之路。教育事业改革作为全面深化改革的重要组成部分，教育改革推进到这个阶段，矛盾和问题更多地集中到抓落实、见实效上，特别是深化教育体制、办学体制和教育管理改革，这就需要通过改革评价导向机制，增强教育服务创新发展能力，适应以互联网、大数据、人工智能为代表的现代信息技术等一系列举措，消除羁绊我国教育事业健康发展的体制机制障碍，推进教育领域国家治理体系和治理能力现代化。中国高等教育改革同样已经步入深水区，更需要强化顶层设计和总体规划。高等教育综合改革，以完善中国特色现代大学制度、推进高等教育治理体系和治理能力现代化为总目标；以坚持党委领导下的校长负责制为前提，不断完善高校内部治理结构，扩大基层学术组织自治权和学术人员创新自主权。

8. 坚持服务民族伟大复兴的重要使命

2016 年 12 月 7 日，习近平在全国高校思想政治工作会议上指出，“当前，我们正处在全面建成小康社会决胜阶段，我们比历史上任何时期都更加接近中华民族伟大复兴的目标。”“我们对高等教育的需要比任何时候都更加迫切，对科学知识和卓越人才的渴求比以往任何时候都更加强烈。”

国家的发展阶段不同，对教育培养人的要求也不相同。随着新一轮科技革命和产业变革的孕育兴起，人才资源作为经济社会发展第一资源的特征和作用更加明显，人才竞争已经成为各国综合国力竞争的核心。高校作为人才培养的主阵地，提高人才培养质量成为我国现阶段高等教育改革发展的核心任务。习近平总书记着眼国际竞争格局和国家发展大势，强调实现“两个一百年”奋斗目标、实现中华民族伟大复兴的中国梦，归根到底靠人才、靠教育。当前，教育的规模不断扩大，但培养的人才与现实需求还有差距，创新意识、实践能力、进取精神有待提高，特别是经济转型升级所需的创新型、实用型、复合型人才供给不足。我们要把教育同国家发展的目标和需求紧密结合起来，一起谋划、一起部署、一起检查，增强人才培养的针对性、适应性，提升教育服务经济社会发展的能力。①

一流大学建设必须树立服务国家和社会的办学理念。习近平总书记指出：“教育兴则国家兴，教育强则国家强。高等教育是一个国家发展水平和发展潜力的重要标志。”教育事业是国之根本，大学教育与国家建设和社会发展密切关联。我国现代高等教育是受深重国难与国耻的刺激而兴起的，从成立之始就担负起了救亡图存、富国强民的重任。在不同的社会环境和历史阶段，我国高等教育发展与国家和社会发展始终同向同行，通过出人才、出成果和出思想等方式为国家和社会做出了巨大贡献。特别是改革开放以来，我国大学坚持从国家和社会发展需要出发，在服务国家和社会中

---

① 孙春兰：深入学习贯彻习近平总书记关于教育的重要论述　奋力开创新时代教育工作新局面［EB/OL］. 2018 - 09 - 30. http://www.qstheory.cn/dukan/qs/2018 - 09/30/c_ 1123498429. htm.

证明自身价值并获得发展资源，形成了良好的发展局面。

一流大学建设必须形成服务国家和社会的行动自觉。面对新时代新征程，奋力前行的中国已经形成共识：人才是实现民族振兴、赢得国际竞争主动的战略资源；科技创新是社会进步的灵魂，是国家兴旺发达的不竭动力；文化是民族的血脉，是国家强盛的根基所在。因此，一流大学建设要紧紧围绕"立德树人"根本任务，推进教育创新，深化产教融合，形成高水平人才培养体系，培养合格的社会主义建设者和接班人；牢牢把握新一轮世界科技革命和产业变革机遇，加强基础性、战略性、前瞻性问题研究，增强自主创新能力，以科技创新支撑服务国家战略需要，担当起创新驱动发展的职责和使命；主动承担传播和弘扬民族文化的责任，把发展社会主义先进文化、培育和实践社会主义核心价值观作为重要职责，为国家的发展和社会更加美好的未来担当起神圣的文化使命。习近平总书记强调，"社会主义是干出来的"。一流大学建设需要国家和社会的鼎力支持，更要靠全体大学人的不懈奋斗。大学的领导者和管理者要坚持正确的办学方向，以高度的政治责任感和使命感办好大学，对国家负责，为人民造福；大学的教学科研人员要以黄大年、钟扬等新时代中国新型知识分子为榜样，把自己的人生同民族的命运紧密联系在一起，扎根人民，奉献国家；广大青年学生更要不负时代，不负芳华，把自己的理想同祖国的前途紧密联系在一起，做新时代的奋斗者。

9. 坚持把教师队伍建设作为基础工作

习近平总书记提到，"教师是立教之本、兴教之源"①，"教师重要，就在于教师的工作是塑造灵魂、塑造生命、塑造人的工作。一个人遇到好老师是人生的幸运，一个学校拥有好老师是学校的光荣，一个民族源源不断涌现出一批又一批好老师则是民族的希望"。② 2018 年初，国务院出台了

① 习近平．向全国广大教师致慰问信．2013 年 9 月 9 日．
② 习近平．同北京师范大学师生代表座谈时的讲话．2014 年 9 月 9 日．

《关于全面深化新时代教师队伍建设改革的意见》。该意见是新中国成立以来党中央出台的第一个专门面向教师队伍建设的里程碑式政策文件。《意见》将教育和教师工作提到了前所未有的政治高度，对于建设教育强国、决胜全面建成小康社会、夺取中国特色社会主义伟大胜利、实现中华民族伟大复兴中国梦，具有十分重要的意义。

从建立一支素质优良、甘于奉献的教师队伍到构建覆盖大中小学完整的师德建设制度体系，再到健全教师管理制度、激发教师队伍生机活力，党的十八大以来，我国在教师队伍建设方面打出了一套组合拳，有力提升了我国教师队伍整体素质，一支师德高尚、业务精湛、结构合理、充满活力的高素质专业化教师队伍正在形成。在高等教育领域，教师队伍素质直接决定着大学办学能力和水平。建设一支政治素质过硬、业务能力精湛、育人水平高超的高素质教师队伍，是大学建设的基础性工作，也是实现高等教育内涵式发展的有力支撑。

教师是高校办学的第一资源，高校质量发展的决定性因素是教师，必须落实教师在高校办学中的主导地位，但是目前，我国高校教师整体学历层次偏低，队伍年轻化，整体素养有待提高。

一是要结合学校实际，按照“总量控制，优化结构，规范管理，提高效益”的原则，合理确定教师、专业技术、管理、工勤等各类人员的结构比例。在调整优化各类人员的结构比例中，大幅度地提高专任教师占教职工总数的比例，为全面提高教育教学质量提供充足的人力资源保障。要逐步取消高校的事业编制，真正落实高校用人自主权，使生师比趋于合理。

二是要切实提高专任教师队伍的整体素质。我国高校在扩大教师队伍规模的同时，还应采取积极的措施大幅度提高教师的学历层次和专业素养。

三是要加强学术带头人和学术骨干的选拔培养，重视优化教师结构和建设学术梯队建设，尤其需要花大力气培养中青年学术带头人和学术骨干。

四是重视辅导员队伍建设。辅导员队伍是教师队伍和管理队伍的重要组成部分，是大学生日常思想政治教育和管理工作的直接组织者、实施者和指导者，是高校开展德育工作的骨干力量。

五是把师德建设放在师资队伍建设的首位。师德即教师的职业道德。它是指教师在从事教育教学和学术活动中逐步形成的道德观念、道德情感、道德行为和道德意志以及应遵循的行为规范。高校教师队伍的思想、信仰、道德素质直接关系到立德树人根本任务的实现。

六是树立全面的教师发展观。从发展内涵看，高校教师发展除上述师德建设外，主要是专业发展与教学发展。执教能力和态度，学术功底和责任心是教师发展的基础和主线，其核心是提高教师的学术能力，包括教学学术能力。从发展形式看，高校教师发展包括个人成长与团队建设。高校首先应该凸显学术人员的个体价值，鼓励拔尖与创新。

值得指出的是，习近平总书记关于教育的重要论述还有其内在逻辑体系。

习近平总书记关于教育的重要论述阐明了教育的战略定位、教育的根本任务、教育的根本宗旨和教育的发展道路等核心要义。“在教育的战略定位上，坚持把教育作为对中华民族伟大复兴具有决定性意义的事业，始终把教育摆在优先发展的战略位置。在教育的根本任务上，坚持立德树人，培养德智体美全面发展的中国特色社会主义事业建设者和接班人。在教育的根本宗旨上，坚持以人民为中心的教育发展思想，努力让13亿人民享有更好更公平的教育。在教育的发展道路上，坚持扎根中国融通中外，努力建设中国特色、世界水平的现代教育。”①

习近平总书记关于教育的重要论述阐明了新时代教育工作的政治方向、价值取向和改革导向。首先要坚定新时代教育工作的政治方向。立足基础工程，坚定“教育是国之大计、党之大计”的政治方向；立足首要问题，坚定“培养社会主义建设者和接班人”的政治方向；立足根本保证，坚定“加强党对教育工作的全面领导”的政治方向。其次必须把握新时代教育

① 杨银付，等．发展具有中国特色、世界水平的现代教育［J］．人民教育．2017（19）：13－20.

工作的价值取向。围绕重要基础，把握“以人民为中心”的价值取向；围绕重要使命，把握“服务中华民族伟大复兴”的价值取向；围绕重要规律，把握“扎根中国大地办教育”的价值取向。第三，必须突出新时代教育工作的改革导向。聚焦根本任务，突出“构建德智体美劳全面培养教育体系”的改革导向；聚焦基础工作，突出“加强教师队伍建设”的改革导向；聚焦根本动力，突出“破除制约教育事业发展的体制机制障碍”的改革导向。[①]

习近平总书记关于教育的重要论述阐明了新时代中国特色社会主义教育理论体系背后的逻辑体系，即“一条总纲”“三大维度”“九大板块”。“一条总纲”是指贯穿习近平总书记关于教育的重要论述理论体系的主线，即“坚持中国特色社会主义教育发展道路，培养德智体美劳全面发展的社会主义建设者和接班人，加快推进教育现代化，建设教育强国，办好人民满意的教育”。“三大维度”是指习近平总书记关于教育的重要论述着重回答的“培养什么人、怎样培养人、为谁培养人”这一根本问题的三个维度。“九大板块”即习近平总书记在全国教育大会上的讲话中提出的“九个坚持”。[②]

（二）基本特征

时代鲜明。习近平总书记关于高等教育的重要论述的历史方位就是“新时代”，其深刻洞察当今国内外经济社会和高等教育发展的新趋势，全面把握人民期盼有更好教育的需求、中国高等教育发展进程及其对实现中华民族伟大复兴中国梦的强力支撑等方面的新变化，蕴含着“新时代”的内在逻辑和内在需求，赋予了高等教育新的时代内涵和责任使命。当下中国，世情、国情日新月异，高等教育的内外环境急剧变化，倒逼高等教育

---

① 刘伟．深刻领会做好新时代教育工作的根本遵循［J］．中国高等教育．2018（22）：4－6．

② 杨晓慧．习近平关于教育重要论述的思想定位逻辑体系、理论特质［J］．思想理论教育导刊．2018（12）：38－42．

必须与时俱进，主动适应并推进这些新情况、新变化。但理论上的认知路径和实践上的操作办法是高等教育工作者和广大人民群众关注的现实话题，更是国家战略层面的重大的时代难题。习近平总书记关于高等教育的重要论述就是对之做出的战略决策与明确回答，必将有力推动我国高等教育发展，进一步凸显高等教育的效能与价值，实现国家、高校和个人相互促进与共同发展的共赢格局。

内容开放。习近平总书记关于高等教育的重要论述在内容上并非只是封闭地局限于中国高等教育本身这一领域范畴，而是从高等教育肩负的历史使命和时代功能出发，充分释放和扩展了其外延与内涵。其目的是通过进一步促进高等教育开放程度，更好地实现“我国高等教育的发展方向同我国发展的现实目标和未来方向紧密联系在一起，为人民服务，为中国共产党治国理政服务，为巩固和发展中国特色社会主义制度服务，为改革开放和社会主义现代化建设服务”。高等教育要发展，必须摆脱故步自封、墨守成规，从封闭的教育模式走出来，开放教育观念，创新教育模式，为人民服务，为中国共产党治国理政服务，为巩固和发展中国特色社会主义制度服务，为改革开放和社会主义现代化建设服务。[①]

理论系统。习近平总书记关于高等教育的重要论述体现了马克思主义与中国现实的有机结合，是对马克思主义认识论与方法论的具体展现。习近平总书记关于高等教育的重要论述内在逻辑在于坚持实事求是，在于高等教育发展必须立足中国实际，不能脱离实际而虚幻空谈高等教育改革发展。必须要与时俱进地对我国高等教育进行去弊存利，改革创新。在具体方法上要坚持问题导向，展现了发现问题、分析问题、解决问题的逻辑过程，从实践和理论上保障了高等教育发展变革的针对性、有效性和时代性。[②] 习近平总书记关于高等教育的重要论述是一个内涵博大厚重、内容相

① 刘伟．习近平新时代中国特色社会主义高等教育思想研究［J］．中国高教研究．2018（4）：1－4.

② 邓丽群，王玉珏．习近平高等教育思想研究［J］．四川理工学院学报（社会科学版）．2017（10）：57－70.

互贯通的思想体系。内涵博大厚重主要是指其对我国高等教育所处的历史方位、本质属性、发展方向、重大任务、立身之本、建设路径等一系列重要问题做出了全方位、立体化的判断和回答。内容相互贯通主要是指其从教育要素的角度出发，对高校举办者、高校领导、教师、学生、课堂教学、课程教材、实践育人、校园文化等各方面、各领域的问题都进行了全面深入的阐述。

指导实践。新时代产生新思想，新思想指导新实践。思想的要义就在于能够指导并解决现实问题或矛盾，以促进事业发展。习近平总书记着眼于全局，从战略高度和全球视野全面审视中国高等教育问题。十八大以来，以习近平同志为核心的党中央在实践中形成了以加快建设世界一流大学和一流学科为历史使命的习近平总书记关于高等教育的重要论述。这一思想深刻回答了新时代中国高等教育应该朝哪里走、应该怎么走等重大问题。面对新时代给我国高等教育带来的各种挑战和赋予的新的时代责任，这一思想无疑提供了根本遵循和行动指南，并将在长期坚持和实践中不断得到丰富与发展。①

政治鲜明。习近平总书记关于高等教育的重要论述把坚持正确的政治方向放在首位，充分体现了我国高等教育的社会主义属性，彰显了高等教育的中国特色，保障了教育方针的落实，为高等教育的发展进一步指明了道路、明确了方向，为高等教育完成时代使命和实现价值奠定了厚重的政治基石。

三、习近平总书记关于高等教育的重要论述的实现路径

习近平总书记提出，我们要扎根中国、融通中外、立足时代、面向未来，办中国特色的社会主义教育。他强调，高等教育要为人民服务，为中国共产党治国理政服务，为巩固和发展中国特色社会主义制度服务，为改

① 杨智军，覃吉春．习近平新时代中国特色社会主义高等教育思想的现实动因、基本特征及实践启示［J］西南交通大学学报（社会科学版）．2018（19）：7－11.

革开放和社会主义现代化建设服务。高等教育作为中国社会主义教育的重要组成部分，如何办好高等教育为社会主义现代化服务无疑是习近平总书记关于高等教育的重要论述的最终落脚点。

新时代下，要坚持扎根中国融通中外，努力建设中国特色、世界水平的现代高等教育体系。

第一，必须扎根中国大地办教育。习近平总书记多次强调指出，办高等教育既要借鉴又要弘扬，要以我为主、兼收并蓄。“要认真吸收世界上先进的办学治学经验，更要遵循教育规律”“面向世界、勇于进取，树立自信、保持特色”。“中国特色”，“特”在社会主义办学方向，“特”在中华优秀传统文化，“特”在扎根中国大地办学，办根植于中国大地、反映中国人民意愿、适应中国和时代发展进步要求的中国特色社会主义学校。“没有特色，跟在他人后面亦步亦趋，依样画葫芦，是不可能办成功的。”

第二，必须融通中外，综合运用国内国际两种资源。“世界水平”，核心在质量、竞争力与国际影响力。研判世界教育发展水平，就要把我国教育放到世界教育发展格局的坐标系中；提升我国教育发展水平，就要立足国情、博采众长，以我为主、兼收并蓄。教育肩负着培养优秀人才、促进人文交流、服务国家现代化的重要使命，教育对外开放是我国改革开放事业的重要组成部分。“服务大局”“双向开放”“提升水平”，我国教育在始终坚持扎根中国大地的同时，要更加积极开展国际教育、科技、人才交流合作，在更广范围和更高层次上整合、用好国内国际两种资源。

第三，积极参与全球教育治理，促进中外人文交流，提升国家文化软实力。全球教育治理是全球治理体系的重要组成部分。要积极参与教科文组织等联合国机构和其他国际组织多边教育行动，加强对重大教育理念规划的研究，主动在全球教育发展议题上提出新主张、新倡议和新方案，主动参与国际教育规则和标准制定，让国际社会听到中国声音、看到中国方案，通过提升发展中国家在全球教育治理中的发言权和代表性，积极参与全球教育治理，促进教育领域合作共赢。要促进中外人文交流，促进民心相通。

专题二

提升高校思想政治理论课教学的亲和力和针对性研究

思想政治理论课（以下简称“思政课”）“承担着对大学生进行系统的马克思主义理论教育的任务，是巩固马克思主义在高校意识形态领域指导地位、坚持社会主义办学方向的重要阵地，是全面贯彻党的教育方针、落实立德树人根本任务的主干渠道和核心课程，是加强和改进高校思想政治工作、实现高等教育内涵式发展的灵魂课程”。① 党中央历来高度重视高校思政课建设，尤其是党的十八大以来，以习近平同志为核心的党中央作出一系列重大决策部署，思政课建设在改进中不断加强，教学理念不断更新、教学模式日益多元、教学载体逐渐丰富，课堂教学状况显著改善，大学生学习思政课的获得感明显增强。回首高校思政课教学改革走过的点点滴滴，成就与问题同在，忧虑和希望并存，当前制约思政课教学质量提升的各种问题依然具有现实的紧迫性，尤其是随着互联网时代的到来，对思政课教学改革带来巨大契机的同时，也带来了新的问题。

中国特色社会主义进入新时代，对高校思政课发挥育人主渠道作用提出了新的更高要求。站在新的历史起点上，我们要从“当下和未来的中国需要什么样的年轻人、当下和未来的中国能培养什么样的年轻人”的全局高度，正确认识提升高校思政课亲和力、针对性和育人效果的重要作用。思政课教学要以习近平新时代中国特色社会主义思想为统领，因事而化、因时而进、因势而新，落实立德树人根本任务，树立以问题意识为导向的思政课教学改革思路，以系统思维在教学内容、教学方法、教材、教师、学生以及科研体制、人事制度、资源配置等方面综合发力，沉下心来系统性地总结高校思政教学改革的经验，不断提高大学生对思政课的获得感。

一、提升高校思政课教学亲和力和针对性的时代意义

新时代推动思政课改革创新，最根本的还是要不断增强思政课的亲和

① 教育部. 教育部关于印发《新时代高校思想政治理论课教学工作基本要求》的通知［EB/OL］. http://www.moe.gov.cn/srcsite/A13/moe_772/201804/t20180424_334099.html，2018－04－13/2019－4－20.

力及针对性。思政课的亲和力，是指思政课对其教育对象所具有的亲近、吸引、融合的实际功能，以及教育对象对思政课产生的亲近感、和谐感、趋同感。“亲其师，信其道，践其行”，就是思政课亲和力的生动体现与基本要求。思政课的针对性，是指思政课的指向性，强调思政课教学要针对教育对象的特点、需求、兴趣展开，要贴近学生、贴近实际、贴近实践，想学生之所想、解学生之所惑、帮学生之所需。[①] 习近平总书记在全国高校思想政治工作会议上强调，“要用好课堂教学这个主渠道，思政课要坚持在改进中加强，提升思想政治教育亲和力和针对性，满足学生成长发展需求和期待”。[②] 因此，当前和今后一个时期，高校思政课建设的关键任务是：解决新时代思想政治教育的新要求、新任务与思政课教学质量不高、学生获得感不强之间的矛盾。

（一）贴近教育主体，满足青年学生成长需要

大学生正处于世界观、人生观和价值观的形成阶段，部分学生存在对个人发展的迷茫、对国家发展的漠然和对社会问题的困惑等问题，回答和解决这些学生所面临的问题，思想政治理论课的作用不可替代。

只有提高思政课的针对性，把握时代特点和学生成长规律，真实回应大学生的各种困惑，提升大学生的精神动力，将正面引导与解决问题并重，凸显思政课的价值性，努力使思政课做到“有虚有实、有棱有角、有情有义、有滋有味”，[③] 才能让大学生正确认识思政课及课程内容对其成长的“有用性”；只有提高思政课的亲和力，围绕学生、关照学生、服务学生，以满足学生主体性需求为思政课教学的核心，提升思政课教师的亲和力，

---

① 吴潜涛．充分发挥高校思想政治理论课“主渠道”功能．中南民族大学学报（人文社会科学版），2017（3）：2.

② 刘川生．以习近平新时代中国特色社会主义思想为指导　努力提升高校思想政治理论课亲和力与针对性［J］．中国高教研究，2018（2）：1.

③ 赵坤，郭凤志．“不忘初心”，勇于担当高校思政课的育人使命［J］．思想理论教育导刊，2017（12）：100.

转变话语结构，优化教学内容，更新教学手段，充分借助网络信息技术重构思政育人新格局，才能实现国家培养目标与大学生成长需要的统一。

（二）加强主渠道建设，满足高校人才培养需要

习近平总书记在全国高校思想政治工作会议上指出：“高校思想政治工作关系高校培养什么样的人、如何培养人以及为谁培养人这个根本问题”。[①] 思想政治理论课是中国特色社会主义大学的重要特征，在新时代担负着人才培养的重要使命。

从性质上看，思政课是政治课程，是社会主义性质的重要体现；从作用上看，思政课是解决大学生世界观、人生观和价值观的课程，对于培养社会主义事业的合格建设者和可靠接班人意义重大；从地位上看，思政课是对大学生进行思想政治教育的核心课程，是思想政治教育的主渠道，引导引领其他课程和整个大学生思想理论教育。[②] 当前，思政课的亲和力和针对性是提高思政课教学质量的重要指标，是发挥思政课主渠道作用的关键要素，是高校完成立德树人根本任务、培养社会主义事业建设者和接班人的着力改进点，对新形势下加强和改进高校思想政治教育工作具有至关重要的作用。思政课的教学要紧紧围绕“立德树人”这一根本任务，从内容上讲，是要“通过讲清楚马克思主义的基本理论，以马克思主义真理的力量和思想的魅力作为塑造大学生‘三观’的理论基础，以社会主义核心价值观引领大学生健康成长”。[③]

（三）促进马克思主义理论传播，满足国家建设需要

2019 年 3 月，习近平总书记在学校思想政治理论课教师座谈会上强

---

① 史秋衡，王爱萍．立德树人的历史责任与路径设计［J］．中国高等教育，2018（24）：4.

② 吴宏亮．在改进中加强，着力提升思想政治理论课的亲和力和针对性［J］．思想理论教育导刊，2017（2）：18－21.

③ 赵坤，郭凤志．“不忘初心”，勇于担当高校思政课的育人使命［J］．思想理论教育导刊，2017（12）：99.

调，“我们办中国特色社会主义教育，就是要理直气壮开好思政课，用新时代中国特色社会主义思想铸魂育人，引导学生增强中国特色社会主义道路自信、理论自信、制度自信、文化自信，厚植爱国主义情怀，把爱国情、强国志、报国行自觉融入坚持和发展中国特色社会主义事业、建设社会主义现代化强国、实现中华民族伟大复兴的奋斗之中。思政课作用不可替代，思政课教师队伍责任重大”。① 会上，习近平总书记明确提出了思政课改革创新的“八个统一”，指出要不断增强思政课的思想性、理论性和亲和力、针对性。

“高校思政课教学本质上是马克思主义理论教育。马克思主义是社会主义事业的指导思想，是我们立党立国之本。开好思政课关系到培养什么人、为谁培养人的问题，关系到社会主义事业的巩固和发展”。② 高校是推动国家建设的动力站，一批又一批合格建设者和可靠接班人的输送，是中国特色社会主义向前发展的巨大动力，“大学生的社会理想、政治理念乃至世界观、人生观与价值观，都事关国家和社会的历史走向”。③ 提高思政课的亲和力和针对性，用政治性引领人，用学理性说服人，用价值性塑造人，用知识性吸引人等，才能用马克思主义真理引导学生、说服学生、感染学生，从而促进马克思主义理论在全社会的传播。

二、提升高校思政课教学亲和力和针对性取得的重要进展

党的十八大以来，以习近平同志为核心的党中央高度重视高校思想政治工作，多次强调要加强思想政治理论课建设，提高思政课教学的亲和力

① 张烁．用新时代中国特色社会主义思想铸魂育人 贯彻党的教育方针落实立德树人根本任务［N］．人民日报，2019－03－19.

② 赵坤，郭凤志．“不忘初心”，勇于担当高校思政课的育人使命［J］．思想理论教育导刊，2017（12）：98.

③ 赵坤，郭凤志．“不忘初心”，勇于担当高校思政课的育人使命［J］．思想理论教育导刊，2017（12）：99.

和针对性，并相继出台了一系列重大举措，推动思政课教学取得新进展。

（一）高校思政课教学状况整体提升

党的十八大以来，思政课在立德树人方面的作用更加凸显，高校思政课教学不断与时俱进，教学内容紧贴时代要求，教学模式多种多样，教学方法不断创新，教学队伍素质进一步提升，教学改革取得一系列成效，思政课教学状况有了明显改善。具体表现为：第一，领导高度重视，高校各部门各方面协同联动，形成了齐抓共管的工作格局。第二，讲课内容以教材为遵循，教学理念得到更新，注重师生之间的相互交流，学生学习兴趣和满意程度得到提升。第三，教师队伍基本素质普遍较好，精神状态努力向上，思想观点入主流、少偏激，打造了“团队化”教学队伍，教学力量日渐多元化。① 第四，教学模式更加丰富且日渐多样化，主题类模式、专题式教学、案例教学被广泛运用。② 第五，教学方法不断创新，教学风格个性化，尤其是随着“互联网+”时代的到来，融媒体、新技术广泛运用，特别是以“慕课”为代表的“互联网+思政课”教学模式得到推广。③ 总体而言，十八大以来思政课教学遵循了以立德树人为根本任务、以强化实践为重要支撑、以协同各方为平台依托的基本原则；实施了“主体化”教学策略、创立了“立体化”教学模式、打造了“团队化”教学队伍、构建了“协同化”教学机制，积极拓展了思政课教学改革的有效路径；课堂教学和育人效果显著提升、示范影响和应用推广不断拓展、教学改革和科学研究相互促进，思政课教学改革的成效显著。④

① 吴潜涛．坚定自信、明确方向、努力提高思想政治理论课教学的亲和力和针对性［J］．思想教育研究，2017（8）：15.

② 马婷婷，刘世超．近年来高校思政课教学改革创新回顾［J］．山东农业大学学报（社会科学版），2016（01）：122.

③ 马婷婷，刘世超．近年来高校思政课教学改革创新回顾［J］．山东农业大学学报（社会科学版），2016（01）：122.

④ 黄蓉生，崔健，唐斌．党的十八大以来思想政治理论课教学改革的实践探索与经验启示［J］．中国大学教学，2018（08）：14－15.

（二）高校思政课教学改革实践进一步推进

在思政课教学环境改善，理论研究取得突破的基础上，众多高校基于自身的办学实际，有针对性地对本校思政课教学改革进行了实践探索，并取得良好成效。

寻求改革突破点，以点带面推动教学发展。大连理工大学将案例教学法引入思政课教学，主要从精选案例教学内容和提供支持保障两个方面整体推进案例教学法与思政课的不断融合。在内容上，注重编写具有一定研究内涵的精当教学案例，提炼具有现实针对性的教学内容，探索出“案例式专题教学”的新思路。在支持保障方面，启动思政课案例教学法专项研究、耦合理论讲授和案例教学以及推行“多维系统案例分析”的考核方式；积极推广“大班授课、小班研讨”的课堂教学模式、创设基于网络环境的案例教学模式、创新教学案例多媒体呈现方式、建构科学规范的思政课案例教学实效性评价体系、开发高校思政课数字化案例教学资源库。[①] 上海大学探索了在网络环境下构建基于问题逻辑的教学模式，主要包括三个方面的内容：课外基于网络平台的教与学任务的设计、课内基于问题逻辑的教与学方法的设计和基于网络平台的教学总结与学习任务的设计。[②] 中央财经大学的“问题链教学”与上海大学的有所不同，“问题链教学”关注三个“点”，即：“教材重难点”“学生关注点”以及“教学结合点”。搭建实践教学平台、网络教学平台等多维教育平台，大力拓展教育时空，努力在大思政格局中实现教育的无缝对接。[③]

注重体制建设，多管齐下推进教学创新。东北师范大学主张“四维并进，集成创新”的思想政治理论教学改革新模式。要研究学生，把握规律，

---

① 杨慧民，本刊记者．以案例教学为突破口努力推进思想政治理论课教学方法改革——访大连理工大学思想政治理论课案例教学研究中心主任杨慧民［J］．思想理论教育导刊，2009，2：4－8.

② 李梁．网络环境下基于问题逻辑的师生互动型教学模式建构［J］．中国电化教育，2011（12）：94－97.

③ 冯秀军．用“问题链”打造含金量高，获得感强的思政课［J］．中国高等教育，2017（11）：22－24.

使教学方法的改革一切为了学生；要研究教材，锁定专题，确保教学内容的规范性和针对性；要激励教师，提升技能，确保教学方法的科学性和有效性；要形成合力，协同联动，注重在巩固教学实效性上下功夫。① 江南大学开展思政课“启拓教学”改革，围绕价值塑造和信仰培育，建构“问题导入 + 专题协同 + 智能课堂”三位一体的教学模式，进行“思路、师资、教材、教法、机制”五大攻坚，即：围绕价值塑造和信仰培育进行整体性设计，实现思路突破攻坚；打造协同创新和教研相长的教学团队，实现师资攻坚；以针对问题和切合实际为导向重构教学内容，实现教材攻坚；以提升亲和力和时代感为目标进行立体教学，实现教法攻坚；以党委领导和过程优化的教学管理，实现机制攻坚。② 温州大学推行了“一化六制”综合改革，即教学专题化、《学习手册》制、学习小组制、教学互动制、竞赛教学制、现场教学制、弹性考核制，在一定程度上提升了教学内涵，丰富了教学方式，激发了学习主动性。③

三、提升高校思政课教学亲和力和针对性面临的发展问题

全国高校思想政治工作会议是党中央针对高校思想政治工作方向和任务进行讨论的专题会议，会上习近平总书记对高校思想政治工作的有效开展做出了明确指示。同时，国务院印发的《关于加强和改进新形势下高校思想政治工作的意见》对新形势下高校思想政治工作的开展提出了具体要求，这意味着高校思想政治工作，成为新时期高等教育的一项主要内容，也昭示着新时期高校思想政治工作开展将面临新的挑战，而亲和力和针对性作为高校思政课教学的重要抓手，必须要勇于直面挑战，先对其内容进

---

① 李忠军. 高校思政课教学方法集成创新的探索与实践［J］. 中国高等教育，2014（06）：26 – 28.

② 蔡瑶. 优化高校思政课课堂教学的“启拓教学”改革探索［J］. 思想理论教育导刊，2018（6）：111 – 115.

③ 孙武安，蒯正明. 一化六制：高校思想政治理论课课堂教学的综合改革［J］. 思想理论教育导刊，2017（6）：102 – 105.

行分析，再结合实际提出解决问题的方案。

（一）课程建设中面临的内在发展问题

在教育系统全面贯彻落实党的十九大和全国高校思想政治工作会议精神的过程中，各地区、各高校普遍高度重视马克思主义理论学科建设和思政课建设，思想政治教育学科体系、教材体系、课程体系和师资队伍普遍得到加强，思政课的亲和力和针对性相比以往有所加强，但是各地区、各高校重视程度不平衡、建设水平不平衡的现象依然存在，课程在改进过程中还有很多内在问题值得剖析。

第一，思政课教学内容亲和力不足，不能有效满足学生的需要和期待。思政课教学内容讲授“不能关照现实，不能落到鲜活的社会实践和学生的实际存在状态上；有的教学内容只能告诉学生‘是什么’‘该怎样’，而不能告诉学生‘为什么’‘怎么办’，用‘宣告’代替了‘说理’，用‘说教’代替了‘必导’，不能打消学生内心的疑虑，不能为学生提供理论支撑；有的教学内容只有描述和肯定，没有立场和批判，使思政课失去了导向性和针对性”。[①] 此外，目前的思政课教材虽在系统性、科学性和准确性上得到有效提升，但也存在逻辑顺序不合理、内容重复、学理性不强的问题，[②] 存在“重理论、轻实践的情况，对已有实践案例的引用少，对将来实践的借鉴、参考和指导意义不足”[③]，可读性与启发性不强，缺乏吸引力。

第二，部分教师内功不足，学术功底不扎实。总体而言，随着学科建设的不断加强，思想政治理论课教师的综合素质不断加强，但部分教师仍存在一些问题。一方面，部分教师的理论功底不扎实，能力与课程需要不

---

① 高永强．论提升思想政治理论课亲和力及应注意的问题［J］．思想理论教育导刊，2017（6）：83.

② 蒲丽霞，欧阳山．教材完善视角下思想政治理论课建设［J］．教育评论，2018（1）：130－131.

③ 刘川生．以习近平新时代中国特色社会主义思想为指导　努力提升高校思想政治理论课亲和力与针对性［J］．中国高教研究，2018（2）：2.

相符。思想政治理论课是一门综合性学科，而目前部分思想政治理论课教师仍然存在“知识结构、知识体系单一，自身阅历和实践经历单薄无法支撑教学等现象”。① 另一方面，部分教师马克思主义理论学科背景不强，专业知识水平不够，对于马克思主义理论知识的系统性和整体性把握不够，严重影响了授课的严谨性、透彻性。② 此外，部分教师的科研能力仍有不足，科研成果转化为教学实践的数量较少、质量不高，运用科学研究推动教学实践的能力和水平有待进一步提升。

第三，教学方法的时代适应性不强，教学效果仍待提升。近年来，高校思想政治理论课教师不断探索、不断改进，思想政治理论课教学方法整体上得到改进，学生对思想政治理论课的喜爱程度普遍提升，但出勤率较低、低头率较高等现象在思想政治理论课上仍然普遍存在。一方面，灌输式教学仍然存在，教学内容和教学方法的实践性不强，导致教学过程中学生的主体性缺失、独立思维空间较少、教学参与程度低，理论运用于实践的能力弱，教学效果难以保证。另一方面，教学方法的时代性不强，部分思想政治理论课教师对于“新媒体、新技术的关注度不高、应用率较低、知识更新速度慢，导致课堂教学形式单一”，③ 无法调动学生学习积极性。

第四，重视程度不均衡，保障措施不到位。近年来，随着对马克思主义理论学科建设和思想政治理论课重视程度的提升，相关的体制机制和保障措施有所改善，但距离现实的要求仍存在一定的差距。一方面，马克思主义理论学科建设中对于课堂教学的重视程度仍然不够，马克思主义理论学科研究多停留在理论研究上，注重用理论解释理论，而对于课堂教学问题的关注和研究不足，无法及时、有效地解决课堂教学中存在的问题，更

---

① 刘川生．以习近平新时代中国特色社会主义思想为指导　努力提升高校思想政治理论课亲和力与针对性［J］．中国高教研究，2018（2）：3.

② 吴宏亮．在改进中加强，着力提升思想政治理论课的亲和力和针对性［J］．思想理论教育导刊，2017（2）.

③ 刘川生．以习近平新时代中国特色社会主义思想为指导　努力提升高校思想政治理论课亲和力与针对性［J］．中国高教研究，2018（2）：3.

不能为课堂教学的改善提供有效的理论支撑。另一方面，协同育人、合力育人的保障机制不够。思想政治理论课教师教学任务重、科研压力大、福利待遇低的现象普遍存在，一定程度上影响了思想政治理论课教师积极性的发挥；上级部门、学校对于思想政治理论课教师的关注度、重视度不够，思想政治理论课教师在职称晋升、进修培训、合作交流等方面的机会少、平台少；社会对思想政治理论课的认同度、支持度较低，可利用的资源少。[①]

（二）互联网时代带来的外部环境挑战

进入新时代，“互联网 +” 成为教育的新特点。2014 年 12 月底，《光明日报》发文建议，以“融媒体”代替“全媒体”，标志着我国的大众传媒发展进入了“融媒体”时代[②]。融媒体时代的高校思政课教学，综合了以往的多媒体教学和“慕课”教学，充分利用媒介载体，课堂教学集网络、电视、广播和报纸于一体，大规模在线课程开发和教学资源高频应用，引起了思政课教学新的改革和跃升，极大地促进了思政课堂教学走向立体性和丰富性，强化了课堂教学的磁性和吸引力。但“互联网 +”的到来对思政课教学改革是一把“双刃剑”，机遇面前同样带来新的冲击。如何在互联网的背景下，提升思想政治理论课的亲和力和针对性，成为众多专家和思政课教师开展理论研究和实践探索的重点领域。

第一，网络教育的无序性，使学生无法实现学习自觉。在自媒体时代，高校思政课教学对象主要以“90 后”“00 后”新生代大学生为主，这些新生代群体对思政课的喜爱程度和积极性不高，间接导致了学生在线学习诚信问题、论坛有序管理等问题。[③]

---

① 刘川生．以习近平新时代中国特色社会主义思想为指导　努力提升高校思想政治理论课亲和力与针对性［J］．中国高教研究，2018（2）：4

② 栾轶玫．建议用“融媒体”代替“全媒体”［N］．光明日报，2014：12－27（10）．

③ 宫丽．高校思想政治理论课混合式教学模式探析［J］．学校党建与思想教育，2016（9）：35．

第二，“互联网+教育”的共享性，冲击教育者权威。互联网时代，教育资源具有开放共享的特性，这种特性使得学生有多种方式、多种渠道获取知识和信息。如以“慕课”为代表的线上思政课教学模式不易对“慕课”课堂进行主导和管控，增加了教育者主体权威性被弱化的风险。此外，思政课“慕课”线上教学缺少情感交流，不利于以情动人。①

第三，网络时代的大数据化特点，对主流意识形态造成冲击。大学生是当今互联网时代的主力军，借助于互联网这一科技信息平台可以获得海量信息，而这些庞大的信息目前难以经过筛选和甄别，这对正处于世界观、人生观和价值观尚未完全成熟的大学生而言无疑会造成极大的影响。“互联网+”的信息海量性和信息碎片化，使高校思政课所倡导的主流意识形态和核心价值观面临巨大冲击，同时高校思政课教学所必需的反思性和思想性遭到削弱，导致了另一种形式的单一和僵化，未必能保证上课和学习效果。②

第四，“互联网+”的时代性，导致部分高校跟风建设，而缺乏整体考量。在网络的引领下，思想政治理论课也开始应用“互联网+”的模式，以跟上时代潮流和学生需求。但部分高校存在被网络裹挟发展，而存在着课程改革的误区，出现了思政教育意识淡薄、教学的目标设计不科学、高校思政教育部门管理制度不完善、课堂教学活动不注重理论基础等问题。③

四、提升高校思政课教学亲和力和针对性的发展路径

思政课的教学必须因事而化、因时而进、因势而新，思政课教学亲和

---

① 柴艳萍．高校思政课教学方式方法改革再思考［J］．思想理论教育导刊，2017（9）：117.

② 王倩．关于“互联网+”背景下高校思政课改革的多元思考［J］．学校党建与思想教育，2016（08）：46－47.

③ 张巍．关于“互联网+”背景下高校思政课改革的多元思考［J］．中国校外教育，2016（30）：7－9.

力和针对性的提升也必须随着教育主体的变化和时代的演进，不断推出新的理论成果和现实举措，以确保思政课教学实效。

（一）新时代提升高校思政课教学亲和力和针对性的理性思考

当前，我国已进入“融媒体”时代，立体媒体和平面媒体的兼融、互融、共融，引起了思政课教学的改革和跃升，在融媒体时代如何提升高校思政课教学的亲和力和针对性，已经成为思政课教学所面临的一个重大现实议题。

第一，毫不动摇坚持党委的领导核心作用。“互联网＋”背景下高校思政课改革要坚持党委的领导核心作用，坚持以社会主义核心价值观为基本的指导思想。[①] 第二，坚持以课堂教学为体，互联网为用的原则，在充分利用“互联网＋”平台的同时，保持课堂教学的充分性；在坚守课堂教学的主阵地，着力提升课堂教学吸引力和实效性的同时，也要充分利用现代多媒体技术开展凝练教学重难点的“微”教学。[②] 第三，在信息时代思政课教学模式变革方面，要确立有效教学和弹性学习理念、建构“学”为中心的教学模式、完善课程评价与管理；[③] 加速与信息技术高度融合程度，要通过信息技术在思政课教育教学中的应用，催发教学理念、教学模式和学习方式的变革，通过以网络为载体的数字化优质教育资源的研发与共享，聚焦于探究信息时代教学模式，[④] 从而彻底改变传统灌输式、平铺式的“填鸭式”教学观念，适应“微时代”高校思政课教学改革需要。第四，要树立科学的思想政治理论教育信息化观念，处理好各种关系。即在具体的教学过程中，要平衡好现代信息手段与思政课教学目标之间、信息化教学形式与思政课内容之间、虚拟空间与现实教学环境之间、数字化“量”

---

① 张巍．关于“互联网＋”背景下高校思政课改革的多元思考［J］．中国校外教育，2016（30）：8.

② 王倩．关于“互联网＋”背景下高校思政课改革的多元思考［J］．学校党建与思想教育，2016（08）：47.

③ 黄爱华．信息化时代的高校思政课教学模式变革［J］．中国大学教学，2014，（9）：45.

④ 李梁．思政课教育教学与信息技术高度融合的思路和构想［J］．中国高等教育，2017（24）：22.

与大数据“质”之间、微课与宏课之间、线上教育与线下教育之间的重要关系。[①] 同时把握住高校思政课的“变”与“不变”，注意处理好主导性与主体性、思想性与学术性、传统性与现代性的辩证关系，[②] 在坚持指导思想、根本任务、根本目的、主要原则不变的前提下，通过思想政治教育理念、教育素养、教育方法、主体结构的变化来实现思想政治教育目标。[③]

（二）新时代提升高校思政课教学亲和力和针对性的具体举措

高校思政课教学改革是一个复杂系统工程，涉及“教师、教材、课堂、学生等多维要素的系统工程”。[④] 中国特色社会主义进入新时代，高校思政课教学改革有着不同于以往的新的思考和侧重，对传统的主要问题应更加重视，对既定的经验要进一步总结深化。

1. 创新教学理念，打造助力学生成长成才的校园金课

提升思政课的亲和力和针对性需理念先行，加强思政课建设的顶层设计。思政课必须“坚持以学生为本的理念，使学生在思政课中汲取做人做事的智慧，获得放飞人生梦想的强大思想力量”。[⑤] 第一，必须围绕学生、关照学生、服务学生，把提高学生的思想水平、政治觉悟、道德品质和文化素养作为根本出发点，使学生有更多的获得感。既要使思想政治理论课能够针对学生思想发展的实际，又要结合中国特色社会主义实践中的重大现实问题进行解疑释惑；既要立足现实，解决“切实管用”的问题，也要着眼未来，关照“终身受益”的问题，使思想政治理论课真正为学生真心

① 高奇，周向军，韩文彬．高校思想政治理论课信息化教学需把握好的若干重要关系［J］．思想理论教育导刊，2018（2）：112－116.

② 朱磊．高校思想政治理论课翻转课堂教学改革的“变”与“不变”［J］．思想政治教育研究，2016（05）：69.

③ 张崔英，谢守成．大数据时代高校思想政治教育的“变”与“不变”［J］．重庆大学学报（社会科学版），2019（02）：190.

④ 李忠军．深化高校思政课教学方法改革的“四个统一”［N］．光明日报，2014：7－2（11）.

⑤ 吴潜涛．坚定自信，明确方向，努力提高思想政治理论课教学的亲和力和针对性［J］．思想教育研究，2017（8）：15.

喜爱、对学生终身有用、让学生毕生难忘。[①] 第二，关照需求，持续完善思想政治教育制度设计、机制运行和质量评价。思想政治教育就需要坚持立德树人根本任务，以提高人才培养能力为核心，在科学理解学生成长发展需求的基础上，持续完善思想政治教育的制度设计、机制运行和质量评价，以系统化思维，聚力构建出体现中国特色社会主义大学本质要求、具备新时代特征和积极价值导向的思想政治教育创新发展的“施工图”。[②] 第三，以立德树人为根本标准。习近平总书记指出，“我们党立志于中华民族千秋伟业，必须培养一代又一代拥护中国共产党领导和我国社会主义制度、立志为中国特色社会主义事业奋斗终身的有用人才。在这个根本问题上，必须旗帜鲜明、毫不含糊”。[③] 中国特色社会主义进入新时代，强起来要有政治灵魂，要培养担当民族复兴大任的时代新人、德智体美劳全面发展的社会主义建设者和接班人。[④] 此外，思政课还要明确教学理念与研究性相匹配，课程定性与精英性相吻合，教学方案与创新性相融合，教学手段与实践性相适应，教学设计与开放性相结合，树立思政课教学改革发展的多样化、综合性、系统化、整体性、现代化、科学性理念[⑤]，以先进的理念为课程引领，助力学生成长成才。

2. 强化顶层设计，构建政治性、学术性、思想性兼具的思想政治理论课内容体系

提高思想政治理论课的亲和力和针对性，就要求我们必须充分了解当代大学生的思想行为特征，思想政治理论课的内容体系要努力避免脱离实

① 刘川生．以习近平新时代中国特色社会主义思想为指导 努力提升高校思想政治理论课亲和力与针对性［J］．中国高教研究，2018（2）：4.

② 冯刚．新时代中国特色社会主义思想政治教育的创新发展［J］．中国高等教育，2018（Z1）：32.

③ 习近平．用新时代中国特色社会主义思想铸魂育人 贯彻党的教育方针落实立德树人根本任务［N］．人民日报，2019－3－19（01）.

④ 王树荫．立德树人70年——中国共产党“培养什么人”的战略抉择［J］．教学与研究，2019（10）：83.

⑤ 李寒梅．走向深度教学：高校思想政治理论课教学改革的必由之路［J］．思想理论教育导刊，2018（6）：107－110.

际的硬性灌输和空洞说教，不断提高关注现实、回应现实的能力，构建政治性、学术性、思想性兼具的思想政治理论课内容体系。[①] 第一，思想政治理论课要根据“四为”发展方向和“四个正确认识”的要求，设定和优化教学内容，从顶层设计的高度确保党的十九大精神、特别是习近平新时代中国特色社会主义思想进教材、进课堂、进头脑。第二，既要厘清本科生思想政治理论课五门课程之间的边界分工问题，也要解决思想政治理论课与哲学社会科学相关课程的内容重复问题，还要系统审视本科生与硕士生、博士生深度进阶，大学与中小学德育课程内容衔接问题。第三，要推进课程内容的生活化融入，“既关注当代社会政治、经济、文化等热点，又关注学生的所思所想所需，用本地事、身边事、热点事去讲道理、释疑惑，要切实做好统编教材与省编教材的融入使用，提升课程的解疑释惑能力，解决学生思想灵魂深处的困惑”，[②] 从而提升学生对理论的认知和接受程度。第四，保持学科内容的结合、平衡与连贯，更好地运用马克思主义理论武装大学生头脑；同时要注重构建与时俱进、贴近学生、便于学习的教材体系和切实有效的教学体系。[③] 第五，对时下思政课建设的客观实际，我们应着力“从教材、教学和考核环节，发现短板并致力实现突破，使思政课被学生‘真心喜爱’”。[④] 第六，教学内容要有“深度”。思政课教师要对所讲授的理论教学内容有深刻的认识和透彻的把握，“把深刻的道理通过鲜活的教育载体和表现形式讲清楚、讲明白、讲透彻，把解决思想问题同解决实际问题结合起来，用马克思主义的基本原理去回应现实问题，用理论的彻底性、科学性去征服学生、赢得学生”。[⑤]

---

① 高永强. 论提升思想政治理论课亲和力及应注意的问题［J］. 思想理论教育导刊，2017（6）：82－85.

② 张根福，朱坚. 亲和力和针对性：提升高校思想政治理论课质量与水平的重要途径［J］. 思想理论教育导刊，2017（3）：21.

③ 冯刚，高静毅. 新时代高校思想政治理论课建设发展的四个重要问题［J］. 学校党建与思想教育，2018（15）：4－8.

④ 吴潜涛，王维国. 增强亲和力、针对性，在改进中加强思想政治理论课［J］. 思想理论教育导刊，2017（02）：7.

⑤ 郑洁. 提升高校思想政治理论课亲和力与针对性的路径［J］. 高校辅导员，2017（05）：17.

3. 强化师资队伍建设，建设更加具有活力的思想政治理论课教师队伍

高校思想政治理论课教师不仅是党和国家路线、方针、政策的主要宣讲者，课程教学实践的主导者，同时也是大学生成长路上的引路人。教师的能力强弱和水平高低将直接影响思想政治理论课的亲和力和针对性。第一，要加强教师选配。严格按照 1∶350 的比例配备思想政治理论课教师，坚持“高起点准入，高质量培训，高效率管理”的原则，配齐配强思想政治理论课教师，切实强化师资队伍建设。第二，高校思政课教师“政治要强”。“要做到政治信仰坚定、政治定力坚韧、政治担当坚强，必须以习近平总书记提出的‘四有好老师’和‘六个方面要求’为标准，夯实马克思主义理论功底，坚定讲好思想政治理论课的职业自信，强化思政课教师的道德风范，在深化理论学习、深入了解国情、加强自我修养中实现‘政治要强’的价值理想、目标要求和职业素养”。[①] 第三，要加强教学技能培训。通过示范观摩、师资培训等方式，充分发挥优秀思想政治理论课教师的榜样示范作用，推广使用先进理念、科学做法和成功经验，让“集中研讨提问题”“集中培训提素质”“集中备课提质量”成为常态，不断改进思想政治理论课教师的教学理念和教学方法。第四，要加强师德建设。教育者的亲和力要着力于师生之间的思想交流和心灵沟通，理解学生是前提，尊重学生是基础，接纳学生是关键，思想政治工作是进行心与心的碰撞和交流的工作，需要思想政治课教师用真理感召人，用真情感染人，要做到以心换心、以心暖心。习近平总书记号召全国教师做“有理想信念、有道德情操、有扎实知识、有仁爱之心”[②] 的好老师。思想政治理论课教师更应以“四有”好老师为目标，在教书育人的过程中努力将内在的仁爱之心外显为亲和力，建构起和谐共进的主体间性，当好学生思想的引路人。第五，紧紧抓住激发思想政治理论课教师创造活力这一关键。引导思想政治

---

① 王树荫. 高校思政课教师“政治要强”[J]. 中国高校社会科学，2019 (03)：14.

② 习近平. 做党和人民满意的好老师：习近平总书记同北京师范大学师生代表座谈时的讲话 [EB/OL]. http://politics. people. com. cn/n/2014/0910/c1024 - 25629312. html，2014 - 9 - 9/2017 - 4 - 21.

理论课教师自觉增强政治定力；调动思想政治理论课教师教育教学的积极性和主动性；鼓励教师自觉提升教学能力。①

4. 强化教法创新，完善更贴近“95后”“00后”大学生的教学方法和教学模式

当今在校大学生群体基本为“95后”“00后”。针对当前大学生群体的变化，在改革创新思想政治理论课的方式方法中，要运用大学生喜欢的表达方式开展思想政治教育，创新教学途径。第一，要坚持理念创新。思政课要坚持问题导向，教师要树立问题意识，坚持“强化问题、深化理论、细化教学、释疑解惑”② 的基本教学原则和要求，紧紧把握当代大学生的思想脉搏，善于发现问题和解答问题；积极实施“问题解析式”教学，也要有意识地激发并培养学生的问题意识，尤其是要以大学生思想热点问题为导向深化高校思政课教学改革。③ 第二，要坚持形式创新。通过改革教学组织形式、重组教学环境空间，探索实施翻转课堂，加强师生互动、生生互动，实现信息的多向流转与深层互动，充分发挥思想政治理论课教学中学生的主体作用，营造师生平等、教学相长的良好环境。同时，有发展有创造地传承传统教学方法。“思想政治理论课教学方法改进不能简单地‘求新’，应把传统的育人智慧和现代化技术手段高度融合起来，在传承中创新，在改进中发展”。④ 第三，要坚持话语创新。教学话语接地气是教学亲和力生成的基础，教师要学会用大学生喜闻乐见、易于接受的“网言网语”来沟通交流，填平师生之间的“话语代沟”，要学会用学生容易接受的“普通话”“大白话”去阐释他们关心的热点、难点问题，解读艰深的

---

① 冯刚，高静毅．新时代高校思想政治理论课建设发展的四个重要问题［J］．学校党建与思想教育，2018（15）：4－8.

② 忻平，谢宝婷，林自强．从问题出发：六个“为什么”教学实践与解决大学生问题的思考［J］．思想理论教育导刊，2010（5）：98.

③ 谭希培．大学生思想热点问题导向——深化思想政治理论课专题教学的一条途径［J］．思想理论教育导刊，2011（1）：63－65.

④ 冯刚，高静毅．新时代高校思想政治理论课建设发展的四个重要问题［J］．学校党建与思想教育，2018（15）：7.

理论问题。第四，要注重实践教学。建立思想政治理论课实践教学基地，让师生走进基地开展蹲点调研、理论宣讲和社会考察，引导学生用思想政治理论课中学到的理论、方法去观察社会、体察国情、发现问题、解决问题①，提高理论应用于实践的能力，从而加深对理论的认知和理解。第五，要注重技术创新。学会用网络创新授课方式，注重运用大学生喜爱的网络技术手段，以“全方位融合解决传统思政课教授的死板、僵化、单调问题，采用当代大学生所喜欢的网络技术，讲授马克思主义理论和新思想”。② 如充分利用大数据优势和互联网平台，建设一批高质量的 MOOC 课程，加强线上与线下的联动互动；着力打造一批主题鲜明、内容向上、文风活泼、学生喜爱、影响力大的新媒体平台，拉近学生与思想政治理论课的距离，增强思想政治理论课的育人效果。

5. 构建协同机制，强化高校思想政治理论课创新发展的政策保障

提升思想政治理论课的亲和力和针对性，需要加强顶层设计，形成各部门各方面齐抓共管的协同机制，建立健全一系列规章制度和保障措施，推进思想政治理论课活力提升工程的制度化、常态化建设。第一，高度重视马克思主义学院建设和马克思主义理论学科建设。要凝练马克思主义学院科研方向，实现学科建设与课堂教学的有机结合；应进一步明确马克思主义理论学科的学科属性和功能定位，把高校思想政治理论课作为马克思主义理论学科建设的实践园地，善于在教学实践中捕捉、研究、破解问题，为高校思想政治理论课建设提供强有力的学科支撑和理论支持。第二，完善思想政治理论课质量提升的校内协同机制。建立由宣传、教务、人事、科研、学工、财经等相关部门协同，马克思主义学院具体实施的校院联动机制，在教师进修培训、社会实践、职称评聘、工作经费等方面给予适度

① 中国教育在线．北京师范大学原党委书记刘川生：面向“95”后、“00”后大学生群体，提升高校思政课亲和力［EB/OL］. https://gaokao. eol. cn/news/201811/t20181105_ 1631600. shtml，2018－11－05/2019－5－20.

② 梁冰．提升新时代高校思政课亲和力和针对性的对策选择——学习中国共产党的十九大报告体会［J］. 思想政治教育研究，2018（04）：90.

倾斜；不仅要建立思想政治理论课与哲学社会科学其他课程之间的协同育人机制，而且要形成思想政治理论课主渠道与学生工作主阵地之间、思想政治理论课教师与班主任辅导员之间的协同育人机制。第三，建立思想政治理论课质量提升的校外协同机制。教育、宣传、文化、网信等相关部门应加强信息沟通，实现政策协同，强化高校思想政治理论课和大学生思想政治教育工作的顶层设计；高校应注重社会资源的整合利用，通过校地协同建立思想政治理论课教学实践基地，通过社会调查、理论宣讲等方式，让师生在服务社会中开阔视野、接受教育、增长才干。[①] 此外，加强思政课建设的顶层设计、完善示范性思政课教学体系、积极加强教师队伍和人才培养基地建设可能是打造具有全国示范意义的思政课教学模式的着眼点[②]。

提升高校思想政治理论课的亲和力与针对性是一项长期的系统工程。我们必须坚持以习近平新时代中国特色社会主义思想为指导，深入研究当前高校思想政治理论课教学中存在的问题和难点，加强顶层设计，提供制度保障，从教育内容、教育过程和教育者全方位入手。要提升教育内容的亲和力，“把抽象的理论转化为一种可践行的价值观；让学生乐于接受、易于理解、便于掌握；教师要在了解学生的基础上理解、尊重、接纳学生”；[③] 做到教学过程有“温度”、教学方法有“效度”、教学话语接“地气”、教学形式有“生气”、考核方式有“灵气”[④]；同时注重提升教师的学问涵养、个性特征、外在形象，真正做到学为人师，努力把思想政治理论课建设成为大学生真心喜爱、终身受益、毕生难忘的优秀课程。

---

① 刘川生．以习近平新时代中国特色社会主义思想为指导　努力提升高校思想政治理论课亲和力与针对性［J］．中国高教研究，2018（2）：5.

② 靳诺．打造具有全国示范意义的思政课教学模式［J］．中国高等教育，2017（1）：26－28.

③ 宋友文，王易．不断提升高校思想政治理论课的教学质量［J］．中国高等教育，2018（1）：47.

④ 郑洁．以“四度”提升高校思政课的亲和力［J］．中国德育，2017（22）：9－10.

专题三

中国特色一流大学和一流学科建设标准及评价体系研究

统筹推进世界一流大学和一流学科建设，是党中央、国务院面向新时代发展需求做出的战略部署。习近平总书记指出，“要坚持立德树人，遵循教育规律，弘扬优良传统，扎根中国大地办大学，努力建设世界一流大学和一流学科。办好中国的世界一流大学，必须有中国特色。”建设中国特色的一流大学与一流学科是当前高等教育发展的重大战略，其本质上就是落实“立德树人”教育根本任务，落实培养社会主义建设者和接班人，不断提升人才培养能力，培养多层次多类型的一流人才。同时，聚焦国家战略需求和区域发展需求，践行“四个服务”，不断增强服务重大战略需求的能力，将教学、科研、社会服务以及文化传承创新统筹起来，以“双一流”建设助推社会发展进步。

在“双一流”建设过程中，中国特色一流大学和一流学科建设标准和评价体系具有重要导向作用。陈宝生强调：“‘双一流’的定性就是八个字‘中国特色、世界一流’，标准是中国特色和世界一流的有机融合。”当前，“双一流”建设实行的第一个周期将于2020年结束，如果要实现下一个建设周期的平稳接续，当务之急是建立“中国特色”与“国际标准”相结合的建设标准和评价体系，做到“立足中国”，解决“中国问题”。

中国特色一流大学和一流学科建设标准及评价体系由大学与学科两方面的建设与评价有机组成，学科是大学的基本单元，只有拥有一流学科才能成为一流的大学，而大学又是学科的集合体，只有科学掌握办学规律与治学方向，方能引导学科发展，办出一流学科。

同时，中国特色一流大学和一流学科建设标准和评价体系应扎根中国大地，以中国特色为统领，以学科评估为基础，以人才培养水平和服务国家战略为核心要素，定性和定量评价相结合，国内与国际评价兼顾、学科建设与整体建设并行，实行分类评价、综合评价，在注重效率的同时兼顾公平。

因此，本专题将分别从中国特色一流大学与一流学科建设两个方面系统性论述建设标准与评价体系，包括理念依据、体系重点、指标构成等方面，全面考虑不同区域的高校布局、学科分布等特点，尽力兼顾效率与公平，为评价“双一流”建设成效和改进方向提供科学工具，最终形成中国特色一流大学和一流学科建设标准和评价体系。

一、中国特色一流大学建设标准和评价体系

目前，中国一流大学建设及其评价正朝着本土化方向发展。中国特色一流大学建设和评价标准，既需要创新评价理念，也需要构建引领时代的指标体系。一方面，在评价理念上，扎根中国、面向世界，坚持以人才培养为根本，突出服务国家战略和区域发展，促进分类分层评价，做到主客观评价相结合，确保评价主体多元性，提高第三方评价的公信度。另一方面，在指标体系上，借鉴“多维多层评价体系”“知识－制度－人才”“中国特色世界一流大学评价指数”等国内学界探索，应进一步提高对人才培养的关注度，并对不同类型院校实施分类评价。

（一）创新中国特色一流大学评价理念

1. 扎根中国，面向世界

习近平总书记指出：“办好中国的世界一流大学，必须有中国特色。没有特色，跟在他人后面亦步亦趋，依样画葫芦，是不可能办成功的。”建设世界一流大学，中国特色是根本，世界一流是目标。建立中国特色的世界一流大学评价体系应遵循以培养中国特色社会主义事业合格建设者和可靠接班人为主体，体现中国特色和国际标准相统一、传统文化与时代需求相统一、民族性与世界性相统一的原则。一方面，中国特色的世界一流大学评价体系必须以中国特色为出发点和立足点。另一方面，体现“世界一流”，就是要在主要国际可比办学指标上达到世界一流大学的水平。具体而言，在中国特色方面，建议考虑的因素包括：坚持社会主义办学方向、建立符合中国国情的现代大学治理体系；对国家、区域和学校的优良文化传

统和价值观的传承和创新、形成区别于国外世界一流大学的特色中国标签；在新的历史起点，为开创中国特色哲学社会科学繁荣发展新局面，为形成充分体现中国特色、中国风格、中国气派的哲学社会科学体系发挥作用；服务国家重大战略和区域社会经济发展的核心需求，为全面建成小康社会、实现中国梦做出贡献。

2. 坚持以人才培养为根本

一流大学的重要使命之一，就是为国家和民族培养拔尖创新人才。在《统筹推进世界一流大学和一流学科建设总体方案》（以下简称《双一流建设总体方案》）中，强调“突出人才培养的核心地位，着力培养具有国家使命感和社会责任心，富有创新精神和实践能力的各类创新型、应用型、复合型的优秀人才”。2018 年 8 月，教育部、财政部、国家发展和改革委员会联合发布《关于高等学校加快“双一流”建设的指导意见》，明确“双一流”建设的核心是人才培养，一流本科在“双一流”建设中具有基础地位。中国特色世界一流大学评价体系应高度重视对人才培养的数量和质量的评价。

在数量方面，大学作为国家高层次人才的培养基地，人才培养规模，尤其是博士生的培养规模在一定程度上反映了大学所承担的人才培养责任，在评价中应充分体现。此外，扎根国内的毕业生数量也体现了一所大学对我国经济社会发展培养人才的贡献度，是中国特色的重要体现。

在质量方面，由于人才培养的成效具有一定的滞后性，评价指标不宜片面关注就业率，还应关注深造率，关注大学所培养的学生毕业一定年限后的发展情况，关注当中成为学术精英、行业领袖和其他社会英才的比例及其对国家和区域发展所做出的贡献。

另外，鉴于研究生特别是博士生在研究型大学的地位、作用正与日俱增，在设计人才培养指标时，不能仅仅关注本科生，也要考虑为研究生开发出一套专门指标。教育部学位中心完成的全国第四轮学科评估也坚持把人才培养放在首位。第四轮学科评估首次在全国范围内大规模开展“学生调查”和“雇主调查”，将教学质量和毕业生质量的评价话语权拓展到教育系统之外。[①]

3. 突出服务国家战略和区域发展

任何一个国家的大学都不可能脱离本国和本民族的发展需求。特别是在我国经济发展的关键时期，大学有责任也有义务进一步服务社会需求，助力经济转型。然而，目前的世界大学排名普遍存在重学术水平、轻社会贡献的缺陷。英国《泰晤士报高等教育》排名虽设置了“产业收入”指标，以衡量大学“以创新、发明和咨询促进产业发展这一核心使命”的履行情况，但这一指标仅是社会服务的一部分。事实上，世界一流大学不仅要促进国家和区域工商业创新和发展，还要为国家和区域输送一流人才、传承和创新文化、为整个社会经济和生态环境建设做贡献。目前的世界大学排名，还没有或者并不能将涉及大学服务国家和区域发展的因素完整地考虑在内并以量化指标的方式体现，而这些因素对于一流大学建设却十分重要。忽视这些因素可能造成一流大学建设方向出现偏差，进而影响整个建设过程和结果。

作为国家创新体系的重要组成部分，为国家和区域的经济转型升级以及国家民族振兴提供世界一流的人才和科技支撑，是一流大学重要的历史使命和战略任务。通过建立中国特色评价体系，引导我国大学把国家发展和民族振兴的意志融入建设中，充分利用国家实施创新驱动发展战略的有利时机，主动服务区域经济转型升级和国家重大战略，才能有效激发大学各办学因素的活力，促进中国大学在落实立德树人根本任务、支撑创新驱动发展战略和服务经济社会发展过程中，与国家民族的振兴同向同行。

4. 促进大学分类发展

大学具有复杂性和多样性，大学的发展水平更与其所在国家和地区的

---

① 教育部学位与研究生教育发展中心．第四轮学科评估结果公布［EB/OL］. http://www.cdgdc.edu.cn/xwyyjsjyxx/xkpgjg/，2017.

政治、经济和文化密切相关，以统一的指标体系去评价千差万别的大学，最终只会导致大学的同质化。因此，通过建立中国特色一流大学评价体系，从机制上引导中国大学找准办学定位，积极探索特色发展道路，在各自领域、类型中追求卓越，在建设过程中协同创新，为实现"两个一百年"奋斗目标和中华民族伟大复兴的中国梦提供有力支撑。

为顶尖大学和尖端学术松绑。我国的一流大学是追求尖端学术突破、建设创新型国家的主力军，然而当前的评价体制，未能充分关注尖端学术发展的特殊需要，普遍采用的量化和指标化的考核评价方式，对一流高校束缚尤为突出。片面量化和指标化的评价方式，伤害最大的就是尖端学术研究。尖端学术突破来自前瞻性基础研究和引领性原创研究，思考周期长，涉及的问题重大而复杂，不能追求"短、平、快"，不能用片面量化和指标化的方式来评价管理。特别是学术创造力最为旺盛、有实力冲击学术尖端的中青年才俊，现在深陷各种量化指标的考评中，很难保持学术定力，这种现象严重制约我国尖端学术突破的形成。目前，我国已成为"论文大国"，但尖端学术与建设创新大国的目标还远不相称，基础研究和原创研究的短板亟需弥补，对一流高校和科研机构的"量化指标松绑"尤其紧迫而必要。

目前的评估体系尚未引入针对不同学术层次高校的"分级"原则，没有充分关注到一流高校推进尖端学术发展的特殊需要，对一流高校掣肘过多。在国家大力推进高校"双一流"建设的过程中，应尽快采用分级评估，为一流高校特别制定更适宜的评价标准和评价方式，有效促进一流高校的尖端学术研究，推动国家创新战略的加快实施。针对一流高校的评估，应主要采用国际国内同行评估，彻底淡化论文数量、项目数量的指标权重。要让"双一流"高校与国际一流大学进行对标，参与国际竞争，而不是关起门来与国内高校比论文数量、课题数量、头衔数量。①

① 刘宁．解除量化指标束缚，助推尖端学术突破［EB/OL］. http://china. Caixin. Com/2019 - 03 - 14/101392305. html，2019.

5. 做到主客观评价相结合

《统筹推进世界一流大学和一流学科建设实施办法（暂行）》（以下简称《双一流建设实施办法》）要求："一流大学建设高校，应具有先进办学理念，办学实力强，社会认可度较高，拥有一定数量国内领先、国际前列的高水平学科，在改革创新和现代大学制度建设中成效显著。"由于高等教育的复杂性，以及部分内涵的不可量化特征，要全面、准确地反映一流大学建设成效较为困难，应坚持主客观相结合的方式。选取客观指标时，应注意抓住关键要素、突出重点。

考虑以最近一轮的学科水平评估结果，包括科研经费总量、科技论文总数和人均数，以及获得的国家三大奖和教育部人文社科奖等为核心的客观评价因素。这些因素均能较好地反映大学的学科建设成效，且数据可获取性强、真实可信。同时，大学部分质量不可量化的特征，使得声誉调查成为一项必要指标。在选取主观评价指标时，应关注难以通过客观指标反映的因素，如办学特色、历史传承、管理体制、校园文化、人才培养质量、对国家和区域的贡献等。应开展针对不同群体的主观调查，包括面向国内外的同行学术评议，面向大学主管部门、大学所在地政府和支柱行业代表的认可度和美誉度调查，以及面向社会公众的知名度和关注度调查，以实现从多维度衡量大学声誉。①

6. 确保实施主体的多元性

教育评价理论的发展经历了四个阶段：测量、描述、判断和建构。前三代评价理论尽管各具特点，但都强调评价的客观真实，追求评价者价值观的中立，认为评价是评价者单方控制活动，评价者和被评价者是管理与被管理的关系。第四代评价理论提出了价值多元化、全面参与和共同建构等评价思想和方法，认为评价不是评价者对被评价者客观状态的简单测量、

---

① 杨清华，孙耀斌，许仪．建立中国特色的世界一流大学评价体系［J］．中国高等教育，2017（19）：45.

描述或判断，而是参与评价的人或团体关于被评价者的一种主观性认识，要求各利益相关者包括被评价者参与评价活动，通过评价者和各利益相关者之间的对话和协商，最终在平等民主的互动氛围中达成一致的评价结论，共同承担促进教育发展的责任。

受传统管理主义思想的影响，我国传统高等教育评价，评价者高高在上，被评价者成为对象，强调评价实施中的单方规制，即评价者对被评价者的控制、管理及评价。政府对学校评价是如此，学校领导对基础部门的评价是这样，教师对学生的评价也是这样，导致评价过程的诸多抵触和不畅，也影响到了教育质量评价的准确与效力。转变这一状态，需要在评价实施过程中广泛吸纳利益相关者的参与，努力构建起评价者与被评价者的平等合作关系，倡导评价过程中的协商对话，使教育评价活动成为一种平等的、理解的和生成性的价值认识与创造活动。

7. 提高第三方评价的公信度

《双一流建设总体方案》提出“建立健全绩效评价机制，积极采用第三方评价，提高科学性和公信度”。教育质量的第三方评估制度，很大程度上可理解为20世纪下半叶盛行于全球的政府绩效第三方评估实践的一种扩展，其出现的初衷是为了消除政府失灵、市场失灵和合约失灵。同时，介于政府和企业之间的“第三方”主导的政府第三方绩效评估，也遭遇因“志愿失灵”而引发的公信力危机。由此，当前构建教育质量的第三方评估，应超越简单的制度比较，不再纠结“与政府有关的事业单位是否属于第三方”，而是将提升评估公信力作为逻辑出发点。

为提高第三方评估的公信度，可将司法制度作为借鉴，采取以下做法。一是实施标准化“场景化第三方”，即以“自己不能做自己的法官”为原则进行场景式的衡量，而是否为政府机关下属的事业单位，能否作为第三方机构，则不属于第三方的界定重点。二是贯彻正当程序原则，将公开原则、公平原则、必要性原则与不干扰原则作为教育质量第三方评估的主要遵循原则，并在有关规范性法律文件予以规范。三是国家对评估权威性的背书式保障，通过建立第三方评估机构的准入制度给予社会机构承接政府评估项目的机会，加快推进“双一流”学校办学数据的空开透明，加强对第三方评估机构的监督。①

（二）构建中国特色一流大学评价体系

1. 多维多层评价体系

教育质量是一个多维度、多层次的动态概念，迈入普及化阶段的高等教育质量也具有多维多层性质。史静寰认为，在“双一流”建设院校评价体系上，要建立“多维多层”评价指标体系，兼顾院校的综合功能和个性特色。所谓多维评价指标体系，就是从人才培养、知识生产、社会服务等多个维度去评价“双一流”高校的建设成效；所谓多层评价指标体系，就是将高校根据目标和功能的定位不同，分为不同类别，针对不同院校，进行更有针对性的评价。整个评价指标体系包括人才培养指数（EI）、学术生产指数（AI）、院校发展指数（IDI）、社会贡献指数（SCI）和国际化指数（II）。

其中，重点关注人才培养指数。当今国内外大学排行榜指标体系普遍重视学术科研的卓越性，而轻视人才培养，无法满足新时代人才培养评价体系的要求。例如，软科所建立的中国最好大学排名，在学生相关指标上只包含了学生的入学成绩与就业率，一进一出之间，少了教育的真实过程。为此，计划搭建的人才培养指数框架立足于整个教育过程，主要包括学生的学习体验、成长与发展、教学质量和院校支持 4 个方面，这与清华大学教育研究院研发的“中国大学生学习与发展追踪调查”（CCSS）项目在主动学习、教育经验丰富度、校园环境支持度等方面有许多相通之处。学习体验包括学生的主体性学习、教育经验丰富度两个方面，分别考查学生在学习中的主动性与丰富性。成长与发展包括成长与收获、满意度、毕业去

① 王光艳，杨颉．基于公信力的教育质量第三方评估制度构建［J］．教育研究，2018（8）：61－65.

向三个方面，这一指标尤其关注学生的收获与满意度，体现出十分明显的以学生为本的思想。教学质量主要包括教学能力和激励性教学两个方面，其中较为特别的是激励性教学，它强调教师在教学行动中对学生进行激励，体现了教师在实际教育过程中对学生起到的积极作用。院校支持包括校园基础设施和支持性校园环境两个方面，其中支持性校园环境指的是高校环境对学生在学业、人际交往等多方面起到的支持作用。

所谓多层评价思路，就是不用一把尺子量所有的“双一流”建设高校，根据每所学校的定位和特色，按照不同标准进行分类，再进行分类评价。一是可根据大学排行榜位次，即根据各所大学在全球排名的最好成绩进行分类，可分成全球排行榜前 100 名、101 ~ 200 名、201 ~ 500 名。具体而言，可将清华大学、北京大学、复旦大学等高校归为第一类；将浙江大学、哈尔滨工业大学等高校归为第二类；将东南大学、西安交通大学等高校归为第三类。二是可以根据“两维”功能或“三维”功能进行分类。“两维”分类指的是按大学在知识生产的深度（学位授予的层次）与广度（学科的综合性或专门性）进行分类，而“三维”分类指的是按学科覆盖率（综合性—非综合性）、博士生比重（研究型—非研究型），服务面向（行业/区域类—非行业/区域类）等特征进行分类。三是可根据院校办学定位进行分类。在“双一流”院校建设方案中，各高校确定的自身办学定位各有侧重，如综合性、研究型、创新型、开放式、国际化、特色强等。这些院校自身定位可以成为评价者进行院校分类的根据。①

2. 中国特色世界一流大学评价指数

“双一流”建设要扎根中国大地，构建大学评价体系需展现中国特色、中国文化和中国元素。冯用军等学者以两大基本功能和五大核心职能为基础，借鉴国内外高等教育评估和现代大学评价的经验教训，构建了中国特

---

① 史静寰．“双一流”高校评价体系改革解析［EB/OL］. http://www.dutmba.com/xw/2019/10/25/20191025924118.html.

色世界一流大学评价指标体系。该评价指标体系是中国自主创新、集成创新和体制机制创新的成果，是在30余年大学评价科研、设计、验证、试点和运行经验的基础上，投入大量精力和智力，充分借鉴国际第三代大学评价技术先进理念，汲取诸多大学评价机构的意见反馈，遵循大学排名国际专家组（International Ranking Expert Group，IREG）提出并倡导的“高等教育机构排名的柏林原则”（Berlin Principles on Ranking of Higher Education Institutions，BPRHEI），构建起了按中国特色、世界标准研发设计的第四代大学评价技术（大学排名4.0），即提出了破解世界大学评价难题的中国智慧和中国方案——兼具世界眼光、国际视野和中国特色、华夏风格的世界一流大学建设成效动态监测与多维评价体系（表3.1），对“双一流”高校建设成效进行动态监测、跟踪评估并提供质量保障、遴选建议。

表3.1　中国特色世界一流大学评价指数

元指标	一级指标	二级指标	指标权重	指标侧重	指标属性
人才培养（教育教学/文化传创）T&CI	教学水平	教学质量	0.08	中国特色	定性/历时数据
	教学水平	校友质量	0.12	世界标准	定量/历时数据
	师资队伍	教师质量	0.09	世界标准	定性/历时数据
	培养基地	学科实力	0.074	中国特色	定性/历时数据
科技研发（理论研究/技术研发）S&TI	学术项目	科技项目	0.07	中国特色	定量/历时数据
	学术平台	科技平台	0.07	中国特色	定量/历时数据
	学术成果	科技成果	0.1	世界标准	定量/历时数据
	学术奖励	科技奖励	0.095	世界标准	定量/历时数据
社会影响（社会服务/文化传创）S&CI	社会声誉	校友捐赠	0.04	世界标准	定量/历时数据
	社会声誉	成果转化	0.055	中国特色	定性/历时数据
	整体影响	国内媒体	0.016	中国特色	定性/历时数据
	媒体影响	国际媒体	0.016	世界标准	定性/历时数据
国际声誉（国际交流与合作）I&CI	国际师生	境外师生	0.04	世界标准	定量/历时数据
	国际平台	跨境平台	0.05	中国特色	定量/历时数据
	国际学术	学术影响	0.044	世界标准	定量/历时数据
	国际排名	世界排名	0.04	世界标准	定量/历时数据

从理论上讲，这套指标体系的最终目的是构建“中国特色世界一流大学评价指数”（The Chinese Top Universities Index，CTUI），其中未来优化迭代的方向是构建元指标（促进社会发展、促进个体成长）、一级指标（培育人才、研发科技、服务社会、国际交合、传创文化、综合声誉等）、二级指标（生源质量、师资团队、培养平台、校友质量；科技项目、科技平台、科技成果、科技奖励；校办企业、专利转化、咨询报告、社会捐赠；国际化教育、国际化科研、国际化合作（国际合作联合实验室）、国际化奖励；文化传创平台（国际华文教育基地学校）、文化传创项目（孔子学院/课堂）、文化传承成效（全国文明校园、教育部高校校园文化建设优秀成果）；媒体影响、国际声望、世界排名）和四级指标观测点既象限离散又耦合共轭的大学生态评价系统，实现对“双一流”大学建设全要素的绿色生态评价。①

3. 一流大学“评价组织”“评价标准”“评价效用”框架

当前，“双一流”评价体系建构存在一些难题：在评价组织方面，“双一流”建设专家委员会的独立性如何保障；在评价标准方面，如何保障战略性评价和教研型评价得以切实践行并卓有成效；在评价效用方面，如何通过绩效评价做到“总量控制、开放竞争、动态调整”。崔育宝、李金龙等学者在观照历史和现实、经验和问题的基础上，探索出一流大学“评价组织”“评价标准”“评价效用”框架。

在评价组织方面，委托专门机构，开展独立评价，重视国际专家的建言作用。《双一流建设实施办法》提出要设立由政产学研等多方共同参与的专家委员会，由其对重点建设高校和学科提出认定标准，对重点建设方案和建设成效进行评价。在国家全力推进“放管服”纵深改革和推行“管办评”分离办学的宏观背景下，在“双一流”建设中期评价工作即将开展

---

① 冯用军，赵雪，朱立明．中国特色世界一流大学建设成效评价体系理论建构与实践验证［J］．江苏高教，2019（1）：23－24．

的现实境况下，政府在“双一流”建设评价工作中的角色与作用应重新定位。通过观照德、日、韩三国的重点建设工程，“委托专门机构开展评价”是政府精简职能、保持评价组织的独立性的重要经验。故此，我国的“双一流”建设可借鉴国外经验，在评价组织设置上，由教育部、财政部、发改委等委托公信力高的专门机构，负责成立评价专家委员会，并降低或取消政府官员在专家委员会中的任职比例。评价专家委员会的一切评价行为对委托机构负责，政府根据专门机构提交的由专家委员会做出的评价结果开展重点建设后续行动，以此保证评价的独立性与公正性。德、日、韩三国的另一较好经验为引入国际专家参与评价，以此保障评价结果的科学性。如日本的“COE 计划”不仅包括了日本国内相关领域的专家学者，也包括具有国外学术经历、现在国外大学从事相关科研活动且能够熟练运用英语的日本人，而德国“卓越倡议计划”则大量引进国外专家，以降低本土专家的非正式影响和保证评价公平。“双一流”建设计划旨在打造一批具备国际科研竞合能力和世界学术引领能力的顶尖大学和先进学科，为达致此目标，身处“跟跑”或“并跑”阶段的中国大学，既需本土专家立足自身、弥补差距，亦需国外专家旁观审视、查找不足。因此，在“双一流”建设评价委员会专家的构成上，除了确保专家来源的多元化，还应注重专家成员的国际化，可吸收一些具有顶尖学术成就或广泛国际影响力的外国学者、优秀管理者参与我国重点建设评价体系的构建与实施工作，特别是在有关国际前沿的学科评价工作方面，应注重发挥国际专家的资政建言作用，保证我国世界一流大学和一流学科的建设方向能够面向前沿、面向世界。

在评价标准方面，引导人才培养与科学研究既相互平衡又统一于国家建设。随着国家经济下行压力的增大，国家必须对现有教育资源的配置方式和方向做出统一布局，并进一步优化评价体系，使重点建设高校有限的教育资源主要用于培养高端人才和开展卓越科研，并最终服务于国家建设。日本在重点建设工程中发布政府认为的具有重大未来影响的重点领域的做法值得借鉴，我国应加紧制定并发布国家未来一段时期需重点建设的战略性基础研究和应用研究领域（含扶优、扶需、扶特、扶新学科方向），以长期支持、重点支持的方式引导高校开展“双一流”建设，并仿效德国的“终端评审”方式，对于专家评价认为未能有效服务国家战略、未能有效满足社会需求的大学和学科，实行一票否决制，保障我国的“双一流”建设面向国家战略、面向社会需求。《双一流建设总体方案》将立德树人作为根本性指导思想，目前亟须对现行评价体系做出优化，引导全国高校将培养拔尖创新人才作为重要建设任务。可借鉴日本和韩国做法，将人才培养和教育教学作为重点建设工程的核心任务，在建设绩效评价指标体系中亦为其赋值最高，使其占比最重，通过评价指标体系引导重点建设高校注重课程教学能力、博士生教育质量、年轻科研人才培养水平和学术团队卓越科研成果产出能力的提升。此外，“双一流”建设评价指标体系还需着重体现中国特色，除须重视师生比、文献计量、国际合作交流等国际通行指标外，亦须重视立德树人、文化传承与创新、党对高校的领导、对国家战略与经济发展的支撑度与贡献率等中国特色性指标的开发。

在评价效用方面，践行阳光评价，力推动态调整。公正公信来源于公开公示。当前，全社会都在关注“双一流”建设计划的遴选以及期中、期末评价标准和评价结果，在此情况下，公开公示成为评价组织回应社会关切、确保评价效用公信力的唯一途径，与“双一流”建设有关的评价专家、评价标准、评价过程、评价结果等一切关键信息都应通过国家及高校的“双一流”专门网站及时向公众披露，接受社会监督评判。《双一流建设实施办法》明确了我国的重点建设工程实行遴选、期中和期末“三段式”评价模式，并以经费动态支持和有进有出的方式践行激励约束机制。在未来的“双一流”建设评价中，应借鉴德、日、韩三国在保证评价效用方面的经验，将评价专家委员会做出的评价结果作为唯一标准，无论其为正常入选的高校或以“扶需、扶特、扶新”形式入选的高校，均严格执行动态调整机制：对于期中评价中专家委员会警示并建议减小支持力度的建设高校，其经费差额用于奖励实施有力、进展良好、成效明显的建设高校；对于期中评价或期末评价中专家委员会建议调整出建设范围的高校，取消下一轮“双一流”建设计划相应层次的申报资格；在新一轮遴选中，对于上一轮期末评价结果中一定比例的末尾高校施行强制淘汰制度，使入选高校在逐轮竞争中始终怀有危机意识，并为候补大学进入“双一流”建设计划提供希望和机会。[①]

4. 知识—制度—人才：高校评价体系的新框架

大学制度是关于大学管理与运行的规则体系的总和。大学治理在本质上是一套旨在实现大学目标的制度安排，它给出大学各利益相关者的关系框架，对大学的目标、原则、决策方式、权力分配定下规则，主要内容是设计效率实现的机制，通过大学各利益相关者追求自身目标的活动而实现大学整体的效率，以结构—行为—绩效（SCP）框架分析大学治理特征，使得现代大学的社会价值在结构中得以呈现，由此推导出大学治理的总体特征。

高深知识是一切高等教育活动的基本前提，教学、人才培养和科学研究，都离不开高深知识。知识是大学系统重要的构成因素之一。从输入、过程和输出三个阶段来评价高深知识，主要包括在输入阶段对高深知识发现的环境评价，高校内部的学术资源和学术环境；从高深知识的生产过程评价，主要包括科学研究的行为评价和学科交叉以及合作研究的评价；高深知识的输出评价应该是目前评价中最为完善的部分，但是这部分评价主要集中在论文引文率或者期刊的“影响因子”上发展出来的一系列计量评价的手段上，这种评价比较适合理工科，对于人文和社会科学的适用性较差。因此，需要建立一套具有中国特色的哲学社会科学评价体系。同时，

---

① 崔育宝，李金龙，裴旭，万明．我国世界一流大学建设评价体系的构建及完善论思［J］．学位与研究生教育，2017（11）：23－29.

政府投入研究的资源越多，就越期望看到研究的价值。政府已经不再满足于研究者仅用期刊影响因子和引用频率展示研究的质量，“研究影响力”就成为一个重要的评价研究成果的指标。澳大利亚研究委员会和英国的卓越科研框架（REF）将“研究影响力”定义为：除对学术界的贡献外，研究给经济、社会、文化、国家安全、公共政策或服务、健康、环境、生活质量等带来的显著贡献。

大学是由人构成的组织，包括学生、教师、行政人员和其他人员。人才是大学系统重要的构成因素之一。学生和教师是高校最关键的两类主体，学生是高等教育的受益者，教师是高等教育的实施者。学生发展是学生经过在高等学校的学习和校内外的活动中获得的智力、体力和精神上的提升和收获，这是衡量学校人才培养工作最为关键的因素。教师发展同样是人才评价中的重要因素。教师发展是教师不断超越自我的过程，不断实现自我的过程，更是教师作为主体自觉、主动、能动、可持续的建构过程。教师发展是高校能够提供优质的教育的前提，也是学生发展的外在条件。因此，教师发展也是高校评价的重要因素之一。

“双一流”建设要求走中国特色的高等教育发展之路，高校评价担负着重要的使命，必须建立起世界标准、中国特色的高校评价体系，为“双一流”建设提供准确和有效的决策咨询。借助用户画像理念，从三个维度对一流大学进行标签化描述。与传统的评价结果相比，“用户画像”更全面地展示出高校的发展特征，为政府、高校、社会和学生（家长）提供全方位、个性化的精准信息，如图 3. 1 所示。

综上，新的高校评价体系包含了制度、知识和人才这三个维度，综合考虑了输入、过程和输出三个阶段，形成了“三维度 + 三阶段”的高校评价体系，见表 3. 2。[①]

---

① 姜华，苏永建，刘盛博，黄帅．“双一流”背景下构建高校评价体系的思考［J］. 中国高校科技，2018（7）：10 – 11.

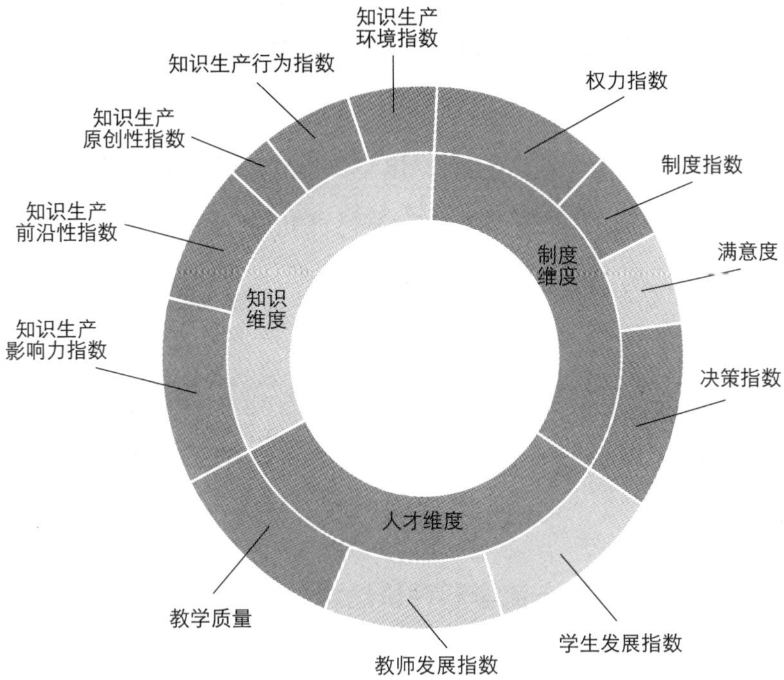

图 3.1　高校评价体系概念图

表 3.2　高校评价体系的要素构成表

		输入	过程（行为）	输出
制度	评价要素	大学内部治理结构有效性	大学内部治理过程有效性	大学的绩效评价
		大学的规章制度评价	大学内部流程控制评价	教师和学生满意度调查
知识	评价要素	大学内部的学术资源	科学研究的行为评价	自然科学知识原创性评价
		科研环境	学科交叉评价	哲学社会科学评价
		科研平台评价	合作研究评价	科学成果影响力评价
人才	评价要素	学生入学水平评价	学生的发展评价	校友发展力评价
		教师整体现状评价	教师的发展评价	教师的教学成果评价

二、中国特色一流学科建设标准和评价体系

《双一流建设总体方案》要求“以学科为基础”，一流学科建设及其评价是“双一流”建设的关键。在一流学科评价中，一方面要顺应知识生产模式转型的要求，另一方面要更加凸显“双一流”的中国特色。在评价理念上，做到“六个结合”。在指标体系上，综合“学科专业评价一体化体系”“学科水平评价指标体系”“学科真实性评价”等建议，应充分发挥形成性评价的功能，更多地顾及不同学科的差异，让“学科人”表达“局内人”的感受。

（一）创新中国特色一流学科评价理念

一流学科评价不同于一流大学评价。一流学科评价不能简单移植一流大学评价的模式，两者肩负的功能不同。学科是大学的细胞，若干个优质细胞组成一个优质的大学，但并不代表这些细胞个体都应该拥有大学作为一个整体所具有的所有功能。因此，构建中国特色一流学科建设标准和评价体系，首先要把握一流学科的理念与内涵。

1. 中国特色与世界一流相结合

以“中国特色、世界一流”为统领，以“支撑创新驱动发展战略、服务经济社会为导向”为指导思想，综合世界三大学科排名体系，世界一流学科的中国标准是：一流的学者队伍、一流的学生质量、一流的科学研究、一流的学术声誉、一流的社会服务。

一般而言，学科评价的标准有两个维度：一是学术性维度，即学科必须有明确的研究主题和卓有成效的研究方法。二是实践性维度，即学科必须能满足社会的某种需要。前者称为学术逻辑，后者称为社会需求逻辑。从学术逻辑来看，一流学科的评价标准是客观的，是国际可比的；从社会需求逻辑来看，一流学科的评价标准是主观的，是有地方特色的。

根据学术逻辑，一流学科有两个标志，一是拥有一流科研，产出一流学术成果；二是有一流的教学，培养出一流的人才，而一流科研和一流教学要依靠一流的学者队伍，建设一流的学者队伍取决于两个前提条件，一是充足而灵活的经费，二是有效的管理体制机制。根据社会需求逻辑，一流的学科不但要为区域工商业创新做出突出贡献，而且要为区域人力资源形成做出突出贡献，甚至还要为区域文化建设、环境建设做出突出贡献。换句话说，从社会需求逻辑来看，学科建设应该面向国家和区域创新体系。

世界一流学科必须在全球范围内寻找参照系。世界高等教育有两大体系，因此，世界一流学科应该有两大参照系。一个是欧洲大陆体系，一个是盎格鲁-北美体系。盎格鲁-北美体系传统上强调学术自由、学术自治，重视学科的学术逻辑；欧洲大陆体系传统上强调国家需求、政府控制，重视学科的社会需求逻辑。这两大体系在很长的时间内一直处于竞争状态，当前占主导地位的是盎格鲁-北美体系。正因为如此，美国科学基础数据库（ESI）成为当前世界一流学科的主要评价标准，为广大发展中国家所普遍接受。尽管如此，欧洲大陆体系依然有可取之处。事实上，盎格鲁-北美体系也在积极吸收欧洲大陆体系的实践标准。

中国特色一流学科建设，一方面强调扎根中国大地，遵循社会需求逻辑，重视中国特色；另一方面强调在国际可比指标上达到世界一流，遵循学术逻辑，借鉴国际经验。学科既是科学研究的平台，也是教学的平台；既是教师队伍建设的平台，也是创新创业的平台。因此，一流的学者队伍、一流的学生质量、一流的科学研究、一流的学术声誉、一流的社会服务是世界一流学科的中国标准。①

2. 学术实力评价与服务效果评价相结合

一流学科建设评价应将学术实力评价与服务效果评价相结合。学术实力的评价将考察学科科学研究和学术能力作为主要评价内容，服务效果评

① 周光礼. 世界一流学科的中国标准是什么［N］. 光明日报，2016-02-16（13）.

价则将学科对国家、区域发展战略和经济发展、产业转型、社会治理等方面的服务情况作为主要评价内容。从评价指标和权重的设置布局情况来看，目前国内外较有影响力的学科评价体系大多遵循一种注重学术实力的评价取向。以学术成果为核心评价内容，将发表论文数、出版著作数，以及高被引论文数、篇均被引数、H 指数等来反映学科质量。以计算机科学（computer science）学科为例，在学术界目前公认较有影响力的 US NEWS、THE、QS、ARWU 学科评价体系中，关于学术实力的指标分别占到了 65%、57.5%、70% 和 76.2%；而与此同时，关于社会服务的指标只有 THE 中的"产业收入"一项有所涉及，且权重仅占 5%。这种学术实力主导的学科评价能在一定程度上反映学科的知识积累水平，却无法反映出学科对外部社会发展的价值，也易造成学科发展"唯论文""唯奖项"的不良现象。

大学、学科不仅是知识探索的场域，更是服务国家和社会需求的一种重要手段。与学术实力评价相比，注重服务效果的学科评价强调学科对外部国家社会经济发展的贡献与支撑作用。评价在社会需求驱动下形成、以提供一流社会服务为特征的我国世界一流学科，要从以学术评价为重心的传统模式转移到以服务社会效果评价为重心的中国模式，做到学术水平评价与服务效果评价相结合。除了考察学科科研成果在国际范围内的前沿性、创新性之外，着重考察其能否满足国家的战略需求，能否满足社会的需求，能否承担起我们的民族使命以及对国际社会的贡献。强化学科培育人才、产出成果的效用，紧密对接现实需求，引导学科建设积极投身国家区域经济社会发展。①

3. 标准性评价与卓越性评价相结合

目前，我国的学科评估主要是教育部学位与研究生教育发展中心按照《学位授予和人才培养学科目录》，对具有博士硕士学位授予权的一级学科

① 王战军，杨旭婷．世界一流学科建设评价的理念变革与要素创新［J］．中国高教研究，2019（3）：8－9.

进行整体性水平的评估，2002 年首次开展，截至 2017 年完成了第四轮。第四轮学科评估以“人才为先、质量为要、中国特色、国际影响”为价值导向，按照“自愿申请、免费参评”原则，在前三轮的基础上进行诸多创新；评估数据以“公共数据和单位填报相结合”的方式获取；评估结果按“分档”方式呈现。

全国学科评估体系卓越性体现不足。第四次学科评估将重心放在了“质量”上，包括教师质量、学生质量、科研质量、学生培养质量。然而，仔细分析该指标体系的构成，仍然能发现它虽关注“质量”，却并未能建立“卓越”的质量标准。以人才培养指标为例，未能区分拔尖创新型人才培养与一般人才培养的规律和特征，不能完全满足对“一流”学科的遴选和评价需求。① 为此，基于“一流”学科高校是我国高校学科发展的排头兵，相应的学科评价体系应突破标准化思路，重点突出卓越性要求，设计符合“双一流”战略需求的、科学的评价原则与方法。

4. 显性内容评价与隐性内容评价相结合

一流学科建设应将显性内容评价与隐性内容评价相结合。从学科评价的内容上看，学科评价可以划分为偏显性评价和偏隐性评价两种。偏显性的评价倾向于选取显性表征指标、量化可测指标、资源易得指标作为主要评价内容，包括学科培养的毕业生数、拥有的专任教师数、博士学位教师占比、篇均论文被引量、科研资金投入额等。偏隐性的评价则倾向于选取学科发展过程中相对隐含、不易直接测量、不易获取的指标作为主要评价内容，包括学科建设理念的前沿性、学科对知识增长做出的贡献程度、学科在某一研究领域的影响力、学科组织机构布局科学性、学科管理运行机制有效性、研究团队的梯度配置情况、学科文化养成和以文化人成效等。可以看到，受学科评价活动性质上的商业性和运行过程中的可操作性影响，

① 中国高等教育学会. 新时代背景下高校人才培养评价体系存在的问题及改进策略 [R]. 研究专报（第 2 期），2018 年 7 月.

目前世界公认的较有影响力的学科评价一般都是偏显性的。

回归学科本身，与隐性评价相关的内容在学科成长发展过程中往往具有更重要的作用，甚至是决定学科显性成效的关键因素。从目前我国学科发展的实际来看，隐性的学科要素正在成为塑造学科核心竞争力的主要助力。自“双一流”建设实施以来，学科之间发展水平的差距不再是物质层面的差距，而更多地体现在学科发展理念的前沿性、学科文化的吸引力、学科制度的科学性、学科组织的凝聚力等方面。引领未来发展的将会是那些通过学科制度创新和组织机构优化整合资源提高效率、通过文化积淀与使命塑造吸引全世界优秀人才和培育下一代有思想的学科接班人、通过组织与队伍建设打造优质学科梯队激发成员学术潜力的学科。同时，过于侧重显性内容的学科评价，容易造成学科评价偏离学科真实样态，演变成“符号化评价”，造成学科根本任务与价值导向偏离。世界一流学科建设成效评价要回应学科本体需求，引导学科减少对显性产出指标的过度重视，将学科建设重心放到凝聚组织使命、培育学科文化、塑造学科发展软实力上，就需要在指标和权重设置上重视隐性内容，将显性与隐性评价相结合，形成回归学科发展本质、反映学科真实状态的评价体系。[①]

5. 结果性评价与成长性评价相结合

一流学科评价应将结果性评价与成长性评价相结合。从评价活动的时间节点选择上看，结果性评价意在考察学科在一定建设周期内取得的最终建设成果和发展水平，反映学科发展的最终状态。成长性评价则更多的关注学科在一定建设周期内取得的增长水平，兼顾原有建设基础和现有建设效果两个方面。学科建设的成长量反映了学科在原有基础上实现的学科进步、发展的程度，是学科人才培养、科研成果、师资队伍建设、管理体制改革等各类建设增量的总和，反映了学科建设周期内的动态发展进程。

与结果性评价相比，成长性评价具有三个显著的优势。一是成长性评

---

① 王战军，杨旭婷．世界一流学科建设评价的理念变革与要素创新［J］．中国高教研究，2019（3）：9.

价能够突出学科差异，是一种个性化评价。由于各个学科在建设目标上相互区别，在建设路径选择上各有差异，因而各学科的成长点和成长量均有不同。因而也更容易凸显学科特色，引导学科形成比较优势，以个性化发展道路实现一流发展。二是成长性评价能够突出学科建设效率，是一种公平性评价。对于同一类型的两个学科，产出同样水平的成果，不同地区、不同发展基础的学科在建构方式、改革力度、运行效率等方面是有显著区别的。一些建设效率高但发展基础相对薄弱的学科同样可以在成长性评价中凸显出来，总体来看更为公平。三是成长性评价能够引导学科坚持目标导向，树立长期愿景，是一种面向未来的评价。成长性评价用学科自身目标衡量建设效益，而不存在统一的评价标准，因而有利于避免学科为迎合外部指标而盲目建设带来的同质化、资源浪费的现象，以及重视短期建设成果而忽视长远发展效益的现象。促进学科始终围绕自身确定的建设目标和发展理念，实现面向未来的长远健康发展。①

6. 学科群划分与评价标准相适应

每一个学科都有其各自的研究领域，学术成果的产出与应用不同，所面对的特殊问题也不同。有学者认为，需要按照学科内容分别制定不同的评估系统，有区分地列出人文社科、理工、医学等大类，再细化分类，对学科内部逐一设置不同标准。或者从另一个维度考虑，即实践操作型学科和人文创作型学科的评估标准，在指标的配比与权重上应该有所倾向。国际上的学科评价指标体系对每个指标在不同学科中的权重分配也不一样，“它们充分考虑了每个学科的特点及特殊性。具体到一所学校的学科评价指标体系，要充分考虑学科基础、学科资源上的不统一性，指标的设定不能采用划一的办法处理，而要具体情况具体分析。”

在传统学科群中，还要加大特色一级学科的特色指标的设置比例，以鼓励学科的创新发展。创新的学科培养多元的人才。在高校的学科建设中，

① 王战军，杨旭婷．世界一流学科建设评价的理念变革与要素创新［J］．中国高教研究，2019（3）：9.

新兴学科、跨学科、交叉学科都是重点工作，但是在现有的评估体系中很难界定它们的学科属性，适宜独立评估，以促进学科发展以及适应社会需求。[①]

另外，学校及社会要保护不同学科的特色。不同学科有不同的评价标准，要保持自身的特色。学科划分的根本标准是知识的分类，建立在不同类型的知识在传播、加工和生产上存在一定差异性的基础之上。学科划分的价值也在于帮助人类社会更好地根据知识自身的规律传承知识和发展知识，而不是形成知识的堡垒和知识之间的隔阂，甚至有意无意地造成强势学科对弱势学科的话语霸权。正因为知识的传承方式和生产方式不同，在当前量化思维、一刀切评价严重的时期，不同的学科在学科建设中需要特别保持警醒，保持特色，不跟风，不趋同，不被强势学科的评价标准牵着鼻子走。

（二）构建中国特色一流学科评价体系

1. 学科专业评价一体化体系

过去，我国学科专业评价的主要目的是问责和分配资源，学科分割过细，不能照顾到学科的特殊性，结果性指标多、过程性指标少。新世纪以来，国际上学科专业评价正在发生三个转变：目的由问责转向服务，方式由单一转向多维，指标由重科研转向重人才培养质量。杨频萍、汪霞认为，在“双一流”建设背景下，学科和专业评价应该一体化，重心下移至课程，回归学生本位，发挥评价形成性功能。

第一，学科和专业评价一体化。在“双一流”背景下，学科需要致力于解决国家甚至全人类发展的重大现实问题，增强学术研究和人才培养对经济社会的适切性，这与专业建设中找准市场方向、构建试验和实习基地的要求并行不悖、相互促进。高校的学科建设应侧重科学研究的内在逻辑，专业建设应重视人才培养的有机脉络。在评价中强化学科和专业建设两者的相互融合和促进是必然的选择。各高校的“双一流”建设离不开学科群

---

① 曹昱辰．“一流学科”的评价体系初探．中国高校科技［J］．2016（7）：41.

的整体发展，不能简单地“关停并转”，只发展单个学科或少数几个学科，而应根据办学特色，合理规划适合社会需求的学科专业群。一个学科可以深化、整合几个专业的资源，起到引领提升作用；几个相近专业也可以互相配合，优势互补，发挥集聚效应，支撑学科的发展。只有学科和专业协同发展，才能形成“双一流”建设的健康生态，如图3.2所示。

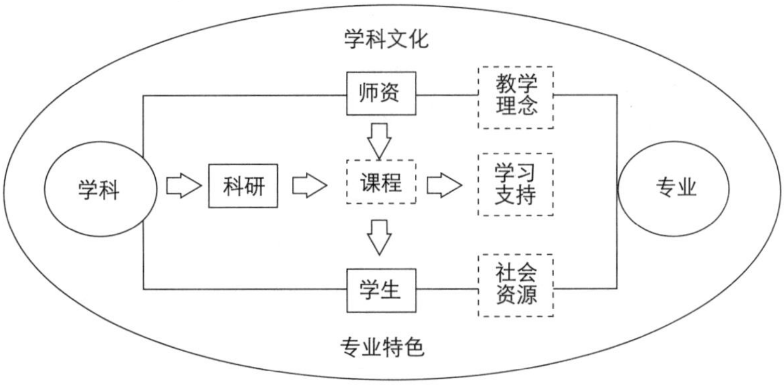

图3.2　学科专业评价一体化体系

（注：虚线部分是过程性指标。横向箭头表示学科、课程、专业的一致性。纵向箭头表示输入、过程和输出的连续性。）

第二，重心下移至课程。课程是学科和专业之间的桥梁指标，联系着学科的“体”和专业的“用”。课程一方面可以强化科研与教学的关联度，确保学科研究支撑人才培养；另一方面，在知识生产模式Ⅱ下，灵活的课程形式能打破院系壁垒，增加学科组织弹性，使得学科专业成为更加松散、兼容、健康发展的组织。围绕重大问题展开的课程能够反映本学科及延伸领域的热点和争议，不光是单一学科知识的传承和拓展，也是新兴学科的生长点，更是新的知识生产模式下优势学科培育的重要方式。另外，科学合理的课程设置也是实现学科和专业评价一体化的重要条件。学科重在基础知识和潜力，学科基础课程是相近专业都应掌握的；专业重在学科所服务的具体行业，专业课应着重培养学生的实践能力。高校的课程内容和水平决定了其能否在学科专业框架下培养出一流的研究生，以及未来的“准研究生”，好的课程产生的教学反馈将进一步激发学科的探索和发展。在学科专业评价中，课程体系、结构和内容应该成为核心要素，学科、专业、课程的协调关联是评价的重心。

第三，回归学生本位，强化过程性指标。“双一流”建设要把人才培养质量作为首要标准。学科专业评价除了有“管理者”视角，应该更加重视学生和“雇主”的“消费者”利益，把毕业生收入、毕业生社会适切性、学生完成相关任务的能力、学生与教师接触的机会等要素纳入学科专业评价的指标体系。在学科专业评价指标中，应关注“人”的过程因素，注意把学生在教学理念和学习支持方面的反馈作为社会资源与社会需求的“互动”。保证人才培养的过程质量，将跨学科学习、教师和其他学生的互动、国际化交流等因素纳入过程性指标，动态考查学生学习的才智增量，包括学生在培养过程中思想观念的变化，同时关注教师对课堂教学所持的观念、尝试的创新探索，对学生创业、创新活动的支持等。

第四，发挥评价形成性功能。学科专业评价应建立一个新的评价流程，将外部评价与内部评价有机结合，突出高校自评的地位。比如培养单位可针对自己的学科专业，按照自己的文化、历史特性，进行主题式的自评；对照外部评价的标准，考察学科、课程、专业建设的一致性，教学理念、学习支持等过程性指标是否符合学科、专业建设的目标；引导不同类型高校关注自己的发展定位，其课程、教学、实践是否有对应的过程、措施、效果。学科专业评价要突出形成性功能，既关注结果，更关注过程。评价流程应该是循环的，学科专业的整改阶段是其中不可缺少的重要环节。评价方应该包括学科专业的专家，要对“受评者”提出建设性的意见，并与他们进行交流讨论。学科专业评价要向公众公布评价结果，同时提供各类客观指标信息以及相关的评估报告以方便相关人员讨论学科专业的优势和不足以及为提高质量将采取的措施，让评价真正成为提升学科专业质量与内涵的驱动力。①

---

① 杨频萍，汪霞．“双一流”建设背景下我国学科专业评价创新研究［J］．高校教育管理，2018（6）：69－71.

2. 学科水平评价指标体系

建立一套学科水平评价指标体系，关键是对各个指标赋予权重，并依据指标进行评价。为了准确反映对象，指标选取和权重分配非常重要。总体来说，评价指标应具备一些必要特征，包括可用性、可比性、可靠性、简约性和相关性等，更多则应强调国际通用性，体现出国际性、全面性、系统性、科学性、共适性、发展性等特点，且能够完整反映出一个学科的水平而不应有所偏颇。具体评价应关注能体现质量的关键性指标，避免规模和数量的干扰；在指标设计和权重分配上，应强化学科间的差异性和多样化，选择最能体现学科实际水平的标志性指标；指标体系设计时也不应过于本土化，应体现国际化特点等。

兼顾指标的内在关联和结构体系，从发展世界高水平学科出发，设计了学科声誉、学科资源、科学研究、教学与人才培养、国际融合、发展环境等作为评价基础指标，对基础指标进行分解衍生，结合学科水平的内涵和特征，选择一些标识性的子指标，以此构建科学的学科水平评价指标体系。[①] 参见图 3.3。

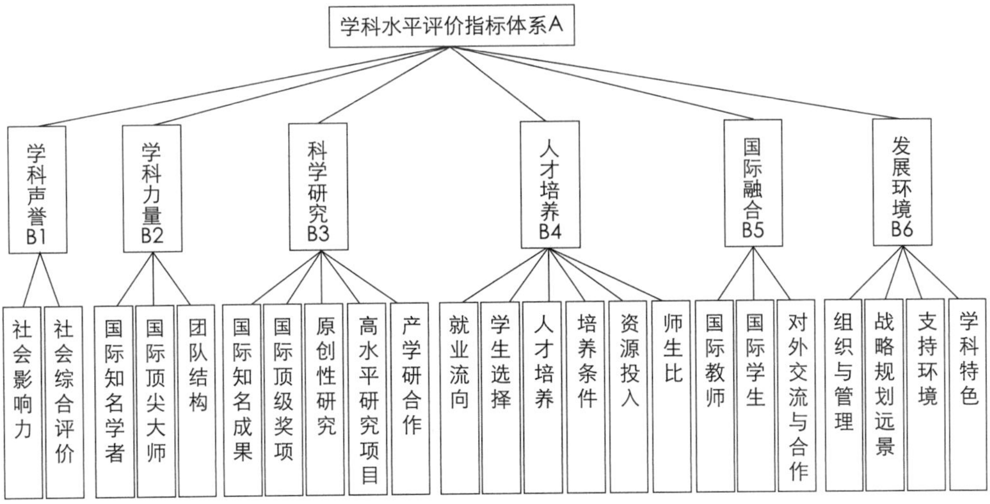

图 3.3　学科水平评价指标体系图

① 朱明．基于大学排名的世界一流学科评价问题研究［J］．研究生教育研究，2012（1）：57－58.

3. 学科“真实性评价”体系

所谓真实性评价，指在真实自然状态下，对学科以科学探究为中心的各类活动进行常态化评价，目的是评价学科真实运行和学者真切生活，发现和解决学科建设中的真实问题。当前中国的一流学科建设成效，既不能简单描述为权威论文数、重大项目数、引进人才数；亦不能笼统阐述为在政府或专业机构某次评估或某个排行榜的扶摇直上，而是“学科人”在“学术部落”中每时每刻的感受与体悟的真实表达，一旦离开学科生活的“真实时刻”，一流学科建设评价体系无论有多精致，都难以形成“学科人”的共鸣。据此，朱冰影、董维春认为，真实性评价的特征可归纳为以下四方面：

第一，真实性评价最终目的不在于问责，而在于改进。真实性评价不再仅是向利益相关者展现与证明绩效，而是关注建设进程能够为每一个生命个体带来哪些实质影响。从这个意义上说，真实性评价不是静态性、终结性评价，而是过程性、成长性评价。因此，一流学科建设的真实性评价是在真实的学科生活中进行，以“学科人”的学科生活全过程为评价对象，即在零距离接触的评价中实现评价者与被评者在知识技能、价值信念、情感责任等诸多方面双向或多向交融、建构与成长。在学科生活中评价，在评价中实现一流学科的成长与改进。

第二，真实性评价是“学科人”参与的全面、全过程及全方位评价。真实性评价的主体是学科内部每一位管理者、教师和学生，评价对象是知识探究、传承与应用中各主体所涉及的全方位、全过程进展。由此，真实性评价所面对的便是学科全部生活，每一个“学科人”同时是学科建设的行动者和建设成效的评价者。根据评价主体的不同，评价方式亦有差别，包括自我审视、主体间测评、个体对群体发展的评价、群体对个体成长的评价，其中，又以学术主体的自我审视为核心。由于覆盖全员、全过程及全方位，真实性评价便不再拘泥于在特定时空范围内，学科探究生活与学科建设评价高度融合，真实性评价便自然地观照“学科人”的深度体验、学科建设的长期性及建设成效的滞后性。

第三，真实性评价具有多样性特征。真实性评价着眼于每一个“学科人”的真实生活，包括一流学科建设进程中每一个“学科人”的实质性改变，不仅包括他们获得的支持与机会、知识与能力、情感与体悟，也包括遇到的经验与挫折、困惑及困难。因此，真实性评价面对的是存在于学科生活中的真实问题，而非普遍化抽离出来的形式化、模块化问题。一流学科建设当然存在普遍问题，但普遍问题必须植根于每一个“学科人”的真实生活，认同多元性存在是获得存在的空间和意义的前提条件。

第四，真实性评价不是管控而是成长。符号化评价作为一种管控手段，主要体现出外部主体对一流学科建设经费的监督与绩效追问，学科场域之外的评价者通过符号化评价实现各自利益诉求，这在政府主导的高等教育后发外生型国家，表现得更为突出。但真实性评价由于深植于学科知识探究生活原貌，成为生活本身，因此，评价行为便从管控走向学科与“学科人”的成长与发展。

在一流学科建设中，落实“真实性评价”有三个实施路径：一是强化自我评价与常态评价。自我评价主体是包括教师、学生及管理者在内的“学科人”。二是用真实性评价改造符号化评价。将学科战略定位化解为学科日常生活，并在学科生活常态评估中逐渐内化为学科内的共同思维来实施。三是制定弹性、多样化的评价标准，如在纯/软学科、纯/应用学科、城市/乡村学科以及会聚/分散学科界分基础上，逐渐形成用各自标尺衡量各类一流学科建设成效的宽容心，是观照学科和个体差异性的重要举措。这便是成长性评价和过程性评价的要义，亦是真实性评价的本质所在。[①]

---

① 朱冰影，董维春. 从“符号化评价”到“真实性评价”：一流学科建设评价的核心向路［J］. 学位与研究生教育，2018（6）：5 -6.

三、构建中国特色一流大学和一流学科建设标准及评价体系

在“中国特色一流大学和一流学科建设的标准及评价体系研究”专项课题中，以清华大学校长邱勇为负责人的课题组将一流大学与一流学科放在一个评价体系中，建立了中国特色一流大学和一流学科建设标准和评价体系。一级指标有五个：即人才培养指数、学术（科研）发展指数、院校（机构）发展指数、社会贡献（服务发展）指数和国际化指数。在指标构建和数据采集过程中，遵循易采集、可比较、突出特色、量化指标与质性评价相结合的原则，对一流大学和一流学科建设成果进行综合且能反映特色的评价。

（一）人才培养指数

“人才培养指数”评价高校人才培养质量。从教与学互动、院校支持、学习成果三个角度考察高校人才培养投入水平、过程性质量和结果性质量，并根据不同学位层次和学科人才培养特点进行有针对性的设计，构建起综合全面的人才培养质量评价指数。在指标选择和数据使用上，可以采用“中国大学生学习与发展追踪调查”等，选择对高校学生学习与发展最为重要、能够有效反映各校人才培养水平差异、且在各类学情调查或院校评价中具有普遍性的指标来进行构建。初步设计的二级指标有：

教与学互动。评价课程与教学给学生的挑战、激励与支持，以及在此激励下学生的主体性学习行为。高校的教育环境对教与学都提出了更高要求，作为学习主体的学生，需要能够自发主动地利用学校资源进行课内外学习，以获得知识、能力与素质的全面发展；而作为教学主体的教师，需要在课程设计、课程要求、教学评价中挑战、激励并支持学生进行主动和深入的学习，以促进学生的主体性学习与综合素质发展。此指标反映教学方面的投入水平，以学生的自主学习及对课程、教学的感受来反映教与学

的过程性质量。

校园环境支持。评价校园环境对学生学习与发展的支持程度，包括硬件设施、学生服务与指导、校园氛围等。支持性的校园环境是学生学习与发展的基础。从学校用于人才培养的资源（如生均经费、生均教室/实验室面积、生均图书）等来反映院校投入水平，以学生汇报的学校支持与服务来反映真正被学生感知到的院校支持情况。

学习成果。评价学生的学习成果，反映人才培养的结果性质量。此指标将全面评价学生的学习收获与成长。学情调查数据可提供的学习收获有：学业成果（如学习成绩等）、能力提高（如思维能力、就业力、创新力、国际化能力/全球胜任力等）、社会责任感、个人毕业去向、就读满意度等。院校公开数据可反映院校整体人才培养的结果，如（重点）就业率、升学率等。

这三个二级指标体现了大学影响力模型（College Impact Models）及相关研究的理念，即学生在高等教育环境下的学习与发展，是学生与教师、他人和环境互动的结果。院校的资源投入、学科专业的课程设置、教师的教学实践、校园环境的支持度等，都需最终作用于学生，激发其学习自主性，促使其主动、深入地学习，才能够真正促进学生的全面发展。

（二）学术（科研）发展指数

“双一流”建设的学术发展重点在于提高科研水平和服务国家发展战略的能力，从学术产出量与质、前沿创新水平两个方面来评价“双一流”建设的学术发展内涵。评价指导原则将兼顾数量与质量、兼顾绝对数量与相对水平、兼顾不同学科特点、兼顾国外期刊与中国期刊、兼顾国内影响力与国际影响力、兼顾平均水平与顶尖水平，以及综合考虑学校或者学科的规模。指数的构建将拓展已有的国际上世界一流大学科研评价指标，同时制定符合一流大学和一流学科建设发展规律的特色指标，进而构建起学术（科研）发展指数。拟构建的二级指标有：

科研产出的量与质。从产出总量和质量两部分评价高校和学科的学术成果。其中学术产出总量主要包括院校层面及学科层面的各类学术产出（如学术论文、著作、技术专利等）数量。论文产出方面包括国际上一流大学评价通用的SCI论文发表数、SSCI论文发表数，也包括中国高校建设发展的评价指标，如CSSCI论文收录数、三大文摘及人大复印资料摘要收录数等，对于少数快速发展的学科（如计算机），也会考量会议论文。学术著作产出是我国高校科技统计中的重要指标，主要包括编印出版的学术专著、编著和译著等。技术专利是“双一流”大学服务国家战略能力的基础，主要有专利申请数、发明专利授权数等。学术产出质量主要包括学术论文质量和科研成果质量两部分，其中：学术论文质量评价将从被引频次、高被引论文、引文影响力和发文期刊质量这四个测度来评价。被引频次用总被引频次、篇均被引频次和人均被引频次这三个指标。高被引论文指的是引入ESI高被引论文的指标。引文影响力将使用学科规范化引文影响力和平均百分位这两个指标。发文期刊质量则通过期刊的影响因子分区（Q区）、顶级期刊发文量来表现。科研成果质量评价以成果获奖情况为标准，主要用获国际著名奖、获国家自然科学奖、国家技术发明奖和国家科技进步奖、省部重大科研奖项等评价。

前沿创新水平。从学科研究领域的前沿性和引领/突破性，同时兼顾可持续性，评价高校的学术发展。评价角度包括：第一，学术研究前沿性，即优势学科在世界顶尖杂志发表高水平论文情况，以及学科内上升型热点论文发表情况等；第二，学科建设前沿性：从新增国家级实验基地、国家级重大项目和国家级创新人才、学术理论流派形成等方面，评价高校学科建设的前沿性、学术竞争力和服务国家战略能力。

（三）院校（机构）发展指数

一流大学和一流学科的建设，需要以发展的眼光来看待建设，从发展所需的资源情况来保障建设，以健全高校和学科所在院系的治理体系和提高治理能力为着力点推动建设。从整体上衡量院校及学科发展情况，其一，要看发展目标和发展道路是否符合特色发展的要求。在追求中国特色、世界一流的建设过程中，不能拘泥于关注当前国际排名中仅有的少量指标，而是应该更加鼓励高校和学科所在院系找准自身定位，追求个性、特色发展。其二，一流大学和一流学科的建设离不开各类资源的配置和保障，包括空间、设备、信息化等方面的配置情况和利用情况。在此方面，难以通过纯量化指标的方式来衡量，其整体思路应该是结合辅助的资料、数据，以及被考察院校和学科所在院系对自身发展的总结思考，进行综合考察。其三，一流大学和一流学科建设需要具有可持续发展能力，这就要求院校具有完善的制度保证及高度的统筹治理运行能力。二级指标如下：

声誉与特色。一流大学和一流学科在办学定位、学科（方向）布局、发展路径、建设成效方面，需充分结合国家和社会的实际需求，结合学校/学科的历史、文化特点和实际情况，走特色发展的道路，建成有特色的一流大学/学科。此二级指标通过对高校/学科提供的自评规划文本或报告进行文本质性分析，考察高校/学科发展的定位、建设目标和定位的清晰程度和合理性、建设规划的有效性和发展特色。

资源利用的有效性。一流大学需要为一流教师、一流人才培养提供良好的资源保障，一流大学建设既包括硬件设施的建设，也包括软实力的建设。学校要统筹配置好各项支持性资源，充分保障学校发展。此二级指标重点考察高校的投入产出比和建设绩效。

可持续发展能力。“双一流”建设的可持续发展，需要通过制度化建设来保证。此二级指标考察制度建设的完备性、规范性和有效性。完备性是指学校制度体系的完备性，既要有顶层设计方面的章程、规划等，也包括人才培养、科研管理、校园治理等具体工作的制度建设。规范性是指各项制度的出台，具备完整、规范的制定流程，有专业的法务机构进行核定，制度出台、修订、实施等严格遵守既定规范。有效性是指各项制度得到充分有效的实施，并能够根据实际工作的需要，与时俱进不断进行修订完善。一流大学治理能力现代化，要求党委领导、校长负责、教授治学、民主管理的治理模式在学校治理中得到充分的体现和平衡。

（四）社会贡献（服务发展）指数

“双一流”建设的突出特点是强调中国特色。在此之前的重点大学建设，主要是争取达到世界一流大学的普遍标准，而建设中国特色、世界一流的大学，就是要“在达到普遍标准以后追求的自身特点，是中国高等教育在世界上民族性和独立自主性的体现”。高等学校的社会服务职能，是集中体现教育独特性的方面之一。建设具有中国特色的世界一流大学，就是要扎根中国大地办好社会主义大学，为中国的经济社会发展做出贡献。如果说人才培养和科学研究是大学间接服务社会——通过人才培养储备人力资源，通过基础研究储备技术和知识力量——那么社会服务指数则是更直接地体现高校直接服务于社会的经济发展和技术创新，以适应中国高等教育发展的阶段属性和服务国家重大需求在探索新的高校评价体系的过程，要凝练中国高等教育的成功模式，树立中国高等教育发展的自信心，发出中国高等教育的声音。“社会贡献（服务发展）指数”重点评价院校的社会服务情况，将在已有社会贡献评价指标的基础上，尝试提出更能体现中国顶尖大学对国家发展影响力的指标，二级指标包括：

科技和文化创新力。此指标将体现学科特色，对理工类学科考察其对科技创新的贡献，拟采用的指标有国家重大工程的参与和贡献、企业产学研合作的合同总额等；对人文社科类学科评价其对文化创新与传承的贡献，拟采用的指标有政策咨询报告、人文社科方向知名教师/校友等。

经济发展能力。评价院校/学科对技术转让的数量和价值（成果转化数量；交易额；企业新增效益）；衍生企业（数量和企业的效益）；学校及学校产业提供的就业岗位。

（五）国际化指数

提升中国顶尖大学的国际化办学水平和国际影响力是“双一流”建设的重要内容。在新的历史阶段，“双一流”建设高校在实现其自身发展的基础上，需要通过国际影响力，引领我国高等教育发展实现从跟随者到地区乃至世界领导者的转变。当前如何系统、规范、全面地对现有高校的国际化办学成果和水平进行评价，且依托评价进行建设性发展，是双一流建设面临的挑战。高校的国际合作交流职能渗透在其人才培养、学术研究、社会服务与文化传承职能中。主要二级指标有：

人才的国际交流与合作。评价人才层面的国际化程度，拟包括三个方面：合作伙伴的规模与结构，考察院校国际合作伙伴的时空分布及合作的密切程度；国际人才流动，考察师生、学校管理者、学校其他职员的出访与来访情况，毕业生的海外升学和就业情况等；师资国际化程度，考察教师聘任与发展政策中的国际化要求，教职工国际化经历，国际教职工比例等。

知识的国际交流与传播。评价知识层面的国际化程度，包括两个方面：全球学程与国际化校园，考察本校外语和外国/国际课程与教学，跨国境开设的学分课程和其他学习项目，学生的海外学习项目设置及教学质量保障政策等；国际学术交流与合作，考察国际论文、书籍和专利的发表数量，国际合著论文、书籍和专利的数量，国际学术成果的质量（如被引量）等。

机构的国际影响力。评价大学和院系的国际影响力水平，拟包括 3 个方面：教师任国际组织专家/代表数量，包括区域性国际组织和全球性国际组织专家的类别和数量；学术、教学成果的国际获奖情况，包括区域性和全球性奖项的类别和数量；国际舆情，包括学校或学科所在院系在国际媒体中被提到的次数和性质等。[①] 参见表 3.3。

---

① 邱勇，史静寰，等．中国高等教育改革发展重大理论与实践问题研究“中国特色双一流建设的标准和评价体系研究”课题开题报告．2018 年 1 月．

表 3.3　中国特色一流大学和一流学科建设标准和评价体系

	一级指标	二级指标
中国特色一流大学和一流学科建设标准和评价指标体系	人才培养指数	教与学互动
		院校支持
		学习成果
	学术（科研）发展指数	科研产出量与质
		前沿创新水平
	院校（机构）发展指数	声誉与特色
		资源利用有效性
		可持续发展能力
	社会贡献（服务发展）指数	科技与文化创新力
		经济发展能力
	国际化指数	人才的国际交流与合作
		知识的国际交流与传播
		机构的国际影响力

专题四

一流大学建设与一流本科教育研究

随着“世界一流大学与一流学科建设”进入攻坚阶段，一流本科教育已然成为当下高等教育学界的一个热门话题。本科阶段是学生世界观、人生观、价值观形成的关键阶段，是学生思想观念、价值取向、精神风貌的成型期，也是学生知识架构、基础能力的形成期，因此，世界一流大学与一流学科的建设离不开一流本科教育的支持，一流本科教育的重要性不容忽视。2018 年 8 月，教育部、财政部、国家发展和改革委员会制定印发了《关于高等学校加快“双一流”建设的指导意见》（教研〔2018〕5 号），着重强调，要“率先确立建成一流本科教育目标，强化本科教育基础地位，把一流本科教育建设作为‘双一流’建设的基础任务”。

不过从本科教育的发展现状来看，目前我国本科教育的质量水平还不能很好地满足新时代人才培养的需要，在本科培养过程方面存在着“学科建设与本科教学的分离、科研与教学的分离、教与学的分离、学与做的分离、通识教育与专业教育的分离、知识教育与思政教育的分离、本科教育与研究生教育的分离、信息技术与教育教学实践的分离”① 等问题。在建设中国特色的一流本科教育方面，虽然不少专家学者从理论上着力探讨一流本科教育的“中国模式”，但在实证研究过程中仍不断采用国外大学的相关经验与指标，在如何建设“中国的”一流本科教育上还存在很多认识上的不足和提升空间。另外，在教育质量保障体系上，如何构建一个接近真实、精准可信的本科教育质量评估的指标和方法也是一个世界性的难题。而在中国“双一流”建设的背景下，构建出具有中国特色的一流大学本科教育质量评估体系仍然是一个巨大的挑战。

上述问题都在“双一流”建设中过程逐渐显现出来，只有得以有效解决，才能提高高校本科教育质量，才能加快高等教育治理体系和治理能力现代化。为此，本专题聚焦于中国特色一流本科教育的实践探索和研究发现，从中国特色一流本科教育理念的形成与发展、中国特色一流本科教育

① 陈骏．一流人才与一流本科教育：理念、问题与方向［J］．中国高教研究，2018（03）．

的学生学习和课程教学研究，以及中国特色一流本科教育的质量评价三个方面进行论述，并基于此提出中国特色一流本科教育建设的相关启示建议，希望能够为解决我国一流本科教育建设中的问题提供方向性指导。

一、中国特色一流本科教育理念的形成与发展

中国特色一流本科教育理念的形成和发展是中国高等教育领域的管理者、研究者和实践者集体智慧的结果，是在持续的探索和交流的基础上不断完善的。

（一）中国特色一流本科教育的提出

随着“双一流”建设的不断推进，本科教育质量逐渐受到高等教育学界与社会的重视，加强“一流本科教育”建设逐渐在我国高等教育领域成为人们的普遍共识。习近平总书记指出，“只有培养出一流人才的高校，才能够成为世界一流大学”①。一流大学担负着培养中国特色社会主义事业建设者和接班人、培养具有国际参与意识与全球领导能力的卓越人才的重大使命，这就要求建设一流大学与一流学科必须以“培养一流人才”为出发点与落脚点，而本科教育是培养一流人才最重要的基础。无论大学校长②③、教育部官员④⑤，还是高等教育领域的研究者⑥⑦，都纷纷指出一流的本科教育是一流大学的根基，没有本科教育水平的提升，就很难实现建设世界一流大学的目标。

---

① 习近平．只有培养出一流人才的高校，才能够成为世界一流大学［EB/OL］. http://fzghb. whu. edu. cn/info/1062/1665. htm.

② 邱勇．一流本科教育是一流大学的底色［N］. 光明日报，2016－06－21（013）.

③ 陈骏．一流人才与一流本科教育：理念、问题与方向［J］. 中国高教研究，2018（3）.

④ 林蕙青．一流大学要办好一流本科教育［J］. 国内高等教育教学研究动态，2016（17）.

⑤ 吴岩．一流本科、一流专业、一流人才［J］. 中国大学教学，2017（11）.

⑥ 马陆亭．“双一流”建设不能缺失本科教育［J］. 中国大学教学，2016（5）.

⑦ 钟秉林，方芳．一流本科教育是“双一流”建设的重要内涵［J］. 中国大学教学，2016（4）.

2017 年 11 月 18—19 日，第十届“中国大学教学论坛”在福州举行，论坛主题为“一流本科教学：课程、师生、方法”，教育部高等教育司司长吴岩在论坛上作了题为《一流本科、一流专业、一流人才》的报告。吴岩指出，培养一流人才是中国高等教育新时代内涵式发展的最核心的标准，一流本科是一流人才培养的基础和核心，而要办好一流本科，必须有一流专业做支撑。经过多年的发展，我国的高等教育面临着前所未有的发展新形势：中国高等教育发展整体上进入世界中上水平，开始进入世界高等教育发展第一方阵；中国高等教育开始与国际高等教育最新发展的潮流，包括发展理念和发展标准同频共振；中国高等教育与世界高等教育从整体上来说是追赶与超越、借鉴与自主、跟跑与领跑交织交融的关系；世界高等教育开始倾听中国声音、融入中国元素。这要求我们要能站在新的时代背景下来思考我国的一流人才培养问题。在当前中国高等教育发展的新形势下，我国高等教育要高举“建设一流本科、做强一流专业、培养一流人才”的旗帜，做好促进公平、优化结构、推动融合、鼓励创新等方面的重点工作，让中国高等教育获得更快、更好地发展①。

2018 年初，中国高等教育学会启动“中国高等教育改革发展重大理论与实践问题研究”，其中南京大学的陈骏、王志林、王守仁等专家学者重点开展了以“一流大学建设与一流本科教育”为主题的研究。该研究从“一流大学和一流本科教育的关系”“如何提升本科生培养质量”“一流大学本科生培养中的科研与教学融合”“一流本科教育人才培养的中国模式”及“一流大学本科教育质量的评估”五方面入手，以期解决“提升本科生培养质量”“发展人才培养的中国模式”等议题。自此，“中国特色一流本科教育建设”从理论层面上升到国家层面的教育指导思想，并落实到具体的研究和实践之中，为国内本科教育教学的实践改革以及相关教育理论的深入发展提供了指引。

---

① 吴岩．一流本科、一流专业、一流人才［J］．中国大学教学，2017（11）．

（二）中国特色一流本科教育的深化与发展

1. “以本为本”的提出及其重要性

2018年6月21日，教育部在四川成都召开新时代全国高等学校本科教育工作会议，陈宝生出席会议并作了《坚持以本为本，推进四个回归，建设中国特色、世界水平的一流本科教育》的讲话。

在加强本科教育建设的重要性方面，陈宝生指出，“高教大计、本科为本”，重视本科教育建设是由本科教育的本质属性决定的。本科教育是青年学生成长成才的关键阶段，不仅大学生的思想观念和价值取向会在这一阶段发展形成，大学生知识架构、基础能力也会在这一时期获得快速发展。因此，大学本科教育要引导大学生形成正确的人生观、世界观、价值观，夯实知识基础，了解学科前沿，接触社会实际，接受专业训练，练就独立工作能力，成为具有社会责任感、创新精神和实践能力的高级专门人才[①]。

“以本为本”也是由本科教育的地位作用决定的。首先，本科教育在高等教育中体量规模最大。全国1200多所本科院校在校生中，本科生与研究生比例是8∶1，毕业生中本科生占比87%。其次，本科教育是研究生教育的重要基础。没有优秀的本科毕业生，研究生教育就没有高质量的毛坯和种子，就成了无源之水、无本之木，就无法培养出优秀的高层次人才。本科生培养质量直接影响到我国高层次人才培养质量的高低。可以说，人才培养为本、本科教育是根[②]。

“以本为本”还是世界高等教育发展的共识和趋势。近千年的世界现代大学发展史表明，本科教育是高等教育的立命之本、发展之本，一流大学普遍将本科教育放在学校发展的重要战略地位，本科教育被这些大学视

---

① 陈宝生．坚持“以本为本”，推进“四个回归”建设中国特色、世界水平的一流本科教育［J］．时事报告（党委中心组学习），2018（05）：20.

② 陈宝生．坚持“以本为本”，推进“四个回归”建设中国特色、世界水平的一流本科教育［J］．时事报告（党委中心组学习），2018（05）：20－21.

为保持卓越的看家本领和成就核心竞争力的制胜法宝。进入 21 世纪，哈佛、麻省理工、斯坦福等世界一流大学纷纷回归本科教育，启动本科教学改革，“回归本科教育”成为世界一流大学共同的行动纲领①。

在具体做法方面，陈宝生强调，高等教育战线要树立“不抓本科教育的高校不是合格的高校”“不重视本科教育的校长不是合格的校长”“不参与本科教育的教授不是合格的教授”的理念，坚持“以本为本”，推进“四个回归”，把本科教育放在人才培养的核心地位、教育教学的基础地位、新时代教育发展的前沿地位。高校领导的注意力要首先在本科聚焦，教师精力要首先在本科集中，学校资源要首先在本科配置，教学条件要首先在本科使用，教学方法和激励机制要首先在本科创新，核心竞争力和教学质量要首先在本科显现，发展战略和办学理念要首先在本科实践，核心价值体系要首先在本科确立②。

在该次会议上，来自全国 150 所高校还联合发出了《一流本科教育宣言（成都宣言）》。《宣言》提出，高校要把培养一流人才、建设一流本科教育作为高校未来发展的重要目标，把培养堪当民族复兴大任的时代新人作为高等教育的核心使命，要坚持“以本为本”，推进“四个回归”，要致力于立德树人、教书育人、提升内涵等发展目标。通过这次会议，全国范围内的高校在建设中国特色一流本科教育教育上达成了共识，这在中国本科教育的发展历程中具有里程碑的意义。

2. 中国特色一流本科教育的发展方向探索

明确本科教育在高等教育建设中的定位和发展方向是建设一流本科教育的重要基础。在中国特色一流本科教育建设思想的指引下，学者们针对一流本科教育的发展方向问题展开了深入思考，这些思考进一步丰富和深

---

① 陈宝生．坚持“以本为本”，推进“四个回归”建设中国特色、世界水平的一流本科教育［J］．时事报告（党委中心组学习），2018（05）：21.

② 陈宝生．坚持“以本为本”，推进“四个回归”建设中国特色、世界水平的一流本科教育［J］．时事报告（党委中心组学习），2018（05）：22－25.

化了中国特色一流本科教育建设的认识。

南京大学原校长陈骏基于多年的教育经验提出，一流本科教育改革和研究的方向在于消除“学科建设与本科教学的分离、科研与教学的分离、教与学的分离、学与做的分离、通识教育与专业教育的分离、知识教育与思政教育的分离、本科教育与研究生教育的分离、信息技术与教育教学实践的分离”，要能够实现“学科建设与本科教学的融通”“通识教育与个性化培养的融通”“拓宽基础与强化实践融通”“学会学习与学会做人融通”。研究者要能够围绕学生和教师在新时代的新定位、新角色展开研究，要关注学生未来是否能够承担的民族复兴大任、是否能够在新时代学习方式变革的需求和背景，要关注教师所应承担的教学职责和教学方式的变化，关注在今天的全球化、信息化背景下本科教育所面临的挑战和机遇，并设计出适应新时代的本科教育新样态①。

张红霞从中美比较的角度提出了我国一流大学与一流本科关系的“三阶段论”。美国本科教育质量问题的成因有三个方面：第一，经济危机导致美国政府对大学的投资锐减，其连锁反应是大学教师必须走出象牙塔，必须向企业、社会争取经费，因此原来的学科结构和科研与教学融合的校园生态被打破，本科教育成了首当其冲的牺牲品；第二，西方的民主化进程进入了新的历史时期，人们对高等教育质量的社会问责加大，大学的教育理念和教学内容越发向多元化发展，进而带来课程体系的重组和更新；第三，大众化带来了非传统学生数量的急增和专业设置的多样化，打破了原精英教育阶段教师的教学自由习惯，教学法训练首次成为研究型大学教师的必要技能，这导致不少教师失去了教学热情，使得原有的科研与教学融合的文化遭到破坏，导致科研与教学脱离。而我国本科教育质量问题的成因与美国不同，具体表现为：第一，大众化以来教育普及卓有成效而创新人才培养不足；第二，大学环境不能充分满足杰出学生的需要，致使优秀

① 陈骏. 一流人才与一流本科教育：理念、问题与方向［J］. 中国高教研究，2018（03）.

人才外流；第三，由于学科建设任务繁重，重科研轻教学成为常态。这三点原因与美国本科教育质量问题成因的差异集中体现在了大学成员对“科研”和“教学”本身的概念及其关系的理解上：美国叫“科学研究”，中国叫“学科建设”；美国没有一级、二级学科之分，教师们瞄准一流的科学问题自由探索，而中国按照一级学科评估科学研究。在这种文化背景下，科研与教学融合就不仅仅是制度问题、教学技能问题，而且是观念问题。这个观念不仅涉及怎样理解“学科”和“教学”概念，而且涉及怎样理解知识、理解知识生产的意义和过程。为此张红霞认为，一流大学与一流本科的关系是时间和空间的函数。对于后发国家而言，一般应该经过“以学科建设为中心阶段”“观念转变阶段”和“无为而治阶段”①。而要实现一流大学必然有一流本科教育“无为而治”的局面，就需要中国的一流大学要有带着政府一起走向市场的能力和气魄，需要大学、政府和社会各界的观念转换，需要政府和社会各界携手奋斗，打一场持久战。

别敦荣围绕“一流本科教育的性质与特征、国内外一流本科教育的实践动向、建设一流本科教育的主要路径”三个主题论述了一流本科教育的内在特征，认为一流本科教育具有精英性、基础性、综合性与创新性的特点②。中国要建设一流本科教育，需要以制定和推行一流本科教育建设规划、完善一流本科教育治理体系、培育一流本科教育教学文化为发展导向与建设路径。别敦荣还提出，高水平大学的一流本科教育发展必须着眼于学生更长远的发展需要，服务于学生的终身发展，各高校应当根据自身的特点来发展自身的本科教育特色，改变传统单一的过度专业化教育模式，积极探索适合自身的本科教育模式，建立服务于学生终身发展的人才培养体系。从高校内部管理来说，高校亦可建立内外结合的专家咨询机构，为教育教学改革提供专业的咨询和建议③。

---

① 张红霞. 有感一流大学与一流本科关系的三个阶段［J］. 南京大学报，2018-07-10（04）.

② 别敦荣. 一流本科教育的特征与实践走势［J］. 山东高等教育，2017（1）.

③ 别敦荣. 一流本科教育应服务于学生的终身发展［J］. 终身教育研究，2019，30（02）.

余秀兰等人从“输入—过程—输出”的角度论述了一流大学的一流本科教育特征。余秀兰等人认为，一流大学的一流本科教育的特征可以分为三个方面：一是输入端，一流大学的一流本科所招收的学生是最一流的、高选拔性的；二是输出端，一流大学的一流本科能够培养出最优秀的学生；三是培养过程，一流大学的一流本科教育意味着大学需要运用最优秀的资源培养出最优秀的人才①。其中培养过程的核心要素包括，首先，目标是培养适应及引领未来的领袖人才，这些人才应是领导性、未来性、精英性的，应该集品德、通识能力与素养、专业知识与能力于一身。其次，要有一套优质的课程体系，这些课程比其他类型的本科更具研究性、个性化、通识性、跨学科性和国际化特征，要能够满足未来引领性人才需要和学生个性发展的需要。第三，教学方式应该是研究性的，除了传授前沿知识，更注重思维方式的训练和求知欲及创新意识的激发。第四，要有优秀的师资，这些教师不仅有过硬的科研功底，还要研究教学。最后，要达到以上目标，需要制度上的保障与支持。基于此，本科教育的质量评价应从投入、过程和产出三个维度提取核心要素，并根据要素之间的内在结构与逻辑关系构建评价标准，引导和激励一流大学争创一流的本科教育。余秀兰还指出，一流本科不局限于一流研究型大学，各种类型的大学都可能有一流本科，要有“分类卓越”“分类一流”的想法，同时一流大学如果不重视本科教育，未必就能办成一流本科。也就是说，一流研究型大学的一流本科要区别于其他类型大学的一流本科，要有自身特色。此外，一流研究型大学要处理好本科教育与学科发展的关系，两者不能分离或偏废，而是需要互相促进、共同发展②。

---

① 余秀兰，宗晓华．一流大学的一流本科教育：特征与评价［J］．江苏高教，2019（02）．

② 余秀兰．一流研究型大学如何建设一流本科［J］．苏州大学学报（教育科学版），2018（04）．

二、中国特色一流本科教育的学生学习和课程教学研究

本科教育质量提升的关键就在于大学是否能够促进大学生的成长与发展。为此，研究者从学生学习和课程教学的角度开展了大量本土研究，以希望能够厘清中国大学生的学习规律特点和课程教学中还存在的问题，从而获得提升中国本科教育质量、促进大学生成长发展的有益启示。

（一）一流本科教育的大学生学习研究

为了更好地实现一流本科教育的发展目标，一些研究者试图通过学生这一主体入手，发掘提高本科教育质量的方向与对策。具体研究内容涵盖了大学生的学习方法、学习参与、自主学习能力、高影响力教育实践活动等方面。

在中国大学生的学习方法上，吕林海等对中美研究型大学本科生深层学习及其影响机制进行了比较，结果发现中国研究型大学本科生在"知识的理解和掌握"与"知识的综合和创新"这两个深层学习的构成维度上尚显不足，不过互动性参与变量对中国研究型大学本科生的深层学习有加速效应。[①] 我国的大学应关注学生的深层学习、创建"互动"参与式的课堂环境、重视"互动"对于深层学习的加速影响效应并体悟孕育其中的学习文化特质，这有助于实现中国研究型大学本科生学习质量的全面和快速的提升。关于中国12所"拔尖计划"高校"拔尖生"的问卷调查发现，"拔尖生"的深度学习表现虽然优于一流大学建设高校的本科生群体，但与美国一流大学本科生群体相比仍存在一定差距，特别是在体现综合、创新等特质的高阶性维度上落后明显。进一步分析表明，大学教师"优质的讲授"对于"深度学习"中"知识的理解和掌握"这一基础性维度有更大的

---

① 吕林海，龚放．中美研究型大学本科生深层学习及其影响机制的比较研究——基于中美八所大学SERU调查的实证分析［J］．教育研究，2018，39（04）．

影响，而“互动式教学”对于“深度学习”中“知识的综合和创新”这一高阶性维度的影响更大。因此，我国高教界可以从明晰深度学习的质量标尺、优化深度学习的环境构建、激活深度学习的动力要素三个方面展开后续的改革探索与实践①。当然，中国学生在学习过程中往往并非采用单一的学习方法，而是在采用深层学习方法的同时可能也会采用浅层学习方法。研究表明，同时采用深层学习法和浅层学习法的学习者在西方往往会造成学业失败，然而在中国大学生群体身上却能塑造出了最佳的学习效果②。这一现象与中国学生独特的学习观念、对努力的重视、特有的考试模式、传统学习文化的影响等因素有关。由此，在建设一流大学与一流本科教育时应当深挖中国教育的独特规律，才能找到提升中国学生学习质量的有效路径。

在中国大学生的学习参与方式上，吕林海着重探索了中国大学生饱受批评的“课堂沉默”现象。通过对不同教育阶段学生群体进行研究后，吕林海指出，“沉默”是中国课堂中的一种独有“教育事实”③。中国学生从小学、到初中、到大学，沉默人群逐渐增多，且早期的沉默对于学习有损害作用，但大学阶段的沉默却演进为具有一种适应性的趋优特质。中国大学生的课堂“沉默”行为背后实际上暗含着一个独特的、值得关注的要素——“利他沉默”，它紧密关联着中华文化典籍中的一个颇具“德性”要义的概念——“谨言慎行”。实证研究表明，“谨言慎行”所包含的“控制性表达”和“克制性质疑”两个维度都对大学生的深层学习有着显著的正向影响，而“控制性表达”还显著地正向影响着“浅层学习”。另外，这两个因子都对大学生的“思维倾向”有着显著的正向影响，其中“克制

① 吕林海．“拔尖计划”本科生的深度学习及其影响机制研究——基于全国12所“拔尖计划”高校的问卷调查［J］．中国高教研究，2020（03）．

② 吕林海．融合性学习：西方学生的梦魇，抑或中国学生的圣境——从普洛瑟的“脱节型学生”说起［J］．现代远程教育研究，2018（02）．

③ 吕林海．中国大学生的课堂沉默及其演生机制——审思“犹豫说话者”的长成与适应［J］．中国高教研究，2018（12）．

性质疑”对于质疑思维、创新思维、迁移思维等有着更大的正向影响，而“控制性表达”则对“论证思维”有着更大的正向影响。因此，我国高等教育领域的研究者和实践者要能深刻认识中国学生学习和思维背后所独具的文化要素，要着力构建“倾听＋参与”的“中国式优质课堂”，要高度重视“延迟性质疑与解疑”所具有的中国教学价值[①]。上述研究表明，在一流本科教育建设过程中，中国大学教师需要认识到沉默在中国文化中的伦理价值，需要超越沉默表象而走向对“思维”的关注，从而在中西教育文化的深层结合点上找到真正接中国本土地气的教育实践路径。

龚雪等人在《不同类型本科生自主学习能力的差异分析——基于江苏省 859 名本科生的调查》[②] 中聚焦于中国大学生的自主学习能力进行了探索。该研究采取分层随机抽样的方法选取江苏省 5 所高校 859 名本科生为研究样本，从学习动机和学习策略两个维度剖析不同类型本科学生的自主学习能力的差异，研究结果显示样本高校的本科生自主学习能力的总体状况处于中等水平。为此，要提高本科人才培养质量，需要注意注重激发学生的学习动机，重视学习策略的培养；重视高中与大学的衔接，关注群体差异；关注“过程”管理，提升学生自主学习能力。

在中国本科生的高影响力教育实践活动上，许丹东等人基于 SERU 大样本调查数据，从本科生感到最有意义的学习经历中挖掘了中国研究型大学本科生高影响力教育活动的内在特征[③]。研究发现，中国研究型大学本科生的高影响力教育活动可以表现出八条特征：使学生与他人进行广泛而深入的交流；为学生创造合作的机会、具有挑战性任务；知行合一、让学生在实践中进行学习；有一定的学习自由度、促进学生的自主学习；使学生

① 吕林海．中国大学生课堂“沉默”背后的“谨言慎行”倾向——“中华传统文化”视域下的概念诠释与实证分析［J］．苏州大学学报（教育科学版），2020（01）．

② 龚雪，余秀兰，丁婷婷．不同类型本科生自主学习能力的差异分析——基于江苏省 859 名本科生的调查［J］．中国大学教学，2017（09）．

③ 许丹东，吕林海，傅道麟．中国研究型大学本科生高影响力教育活动特征探析［J］．高等教育研究，2020（02）．

感受到师者风范；能够启发学生的深入思考；提供大量阅读或写作的机会；让学生体验多元文化。其中与他人交流、做中学、多元文化体验、自主学习等是中美本科生高影响力教育活动的共通性特征，而“使学生感受到师者风范”在一定程度上体现出在我国教育语境中对教师角色的定位与期待：即“学高为师、身正为范”。为此，我国研究型大学的一流本科教育建设需要重视构建本科生高质量学习的核心标准、充分发挥大学教师对本科生成长的影响作用、加强本科生的阅读和写作训练。另外，由于中国越来越多地参与国际性的合作事务，在推动世界共同发展中所扮演的角色越来越重要，所以致力于争创一流的中国研究型大学尤其要能够把体验多元文化作为新时代高质量本科人才培养的重要组成部分。中国的大学只有培养出具有多元文化理解力的人才，才能更好地去实施和践行中国为推动世界共同发展而提出的理念和倡议。

（二）一流本科教育的课程与教学研究

课程与教学质量是促进大学生发展的关键性因素，在一流本科教育建设的推动下，近年来研究者对本科课程与教学的重视度也在不断增加。从课程建设角度，邵进等在《中美高校本科课程体系的比较研究——以南京大学“本科人才培养方案国际化比较研究项目”为基础》① 中归纳出中美高校课程体系都非常重视通识教育、自由选修、交叉复合培养、课程层次、研讨课程这五个方面的共同特征，并进一步分析了中美高校课程体系在五个方面的差异。通过对中美两国大学本科课程体系的比较分析，国内高校本科课程体系的不足得以展现。为此，我国本科教育应加强通识课程体系建设、提升学生自主学习空间、加强交叉复合培养、合理设置课程层次、重视研讨课程教学。谢鑫等在《一流大学本科教育的课程体系建设：优先

① 邵进，刘云飞．中美高校本科课程体系的比较研究——以南京大学“本科人才培养方案国际化比较研究项目”为基础［J］．中国大学教学，2015（09）．

属性与基本架构》[①] 中对美国现代大学课程的演变史和我国改革开放40年以来高等教育课程体系的改革历程分别进行梳理。通过对美国一流大学本科教育实践的分析，他们认为，中国塑造一流大学的一流本科教育应当以课程体系建设为优先项，其基本架构可以借鉴美国一流大学经验，形成以通识教育课程、学科大类课程、主修专业课程、本科生科研课程项目、大四顶峰课程为一体的本科教育课程体系，并结合国情现实形成自身的特色。

近年来，随着人们对大学课程研究的深入，“金课”和“水课”也成了热词进入人们的视野。吴岩在《建设中国“金课”》一文中指出，所谓“金课”，可以归结为“两性一度”：高阶性、创新性和挑战度。“高阶性”就是知识、能力、素质有机融合，培养学生解决复杂问题的综合能力和高级思维。“创新性”体现在课程内容有前沿性和时代性、教学形式有先进性和互动性、学习结果具有探究性和个性化。“挑战度”是指课程一定要有一定难度，需要学生和老师一起，跳一跳才能够得着，老师要认真花时间花精力花情感备课讲课，学生课上课下要有较多的学习时间和思考做保障[②]。

吕林海从深度学习的角度考察了大学“金课”的历史逻辑、考量标准和实现路径。大学“金课”是走入“质量时代”的中国高等教育关注的重要主题。“金课”表明了一种对教学“优质与否”的标准判断。通过历史逻辑的考察可以发现一种围绕“知识”特质而生成的、关涉教学“优质标准”的实践变化和观点争论。从学习科学的视角而言，大学“金课”的评判标准应该指向于学生的“深度学习”，其实现的路径则为“教学感知”，其中，学生感知到的“优质讲授”显示出最大的影响力。从更加拓展的视角来看，“教学感知”还包括“情绪感知”和“共同体感知”，它们都在影响着大学课堂中学生的“深度学习”。基于上述辨析，研究从“质量话语

① 谢鑫，张红霞．一流大学本科教育的课程体系建设：优先属性与基本架构［J］．江苏高教，2019（07）．

② 吴岩．建设中国“金课”［J］．中国大学教学，2018（12）．

的学生转向”“教学方法的心灵之思”以及“‘金课’探究的中国智慧”三个方面给出了更深入的思考与建议。第一，“金课”体现了一种“质量话语”，而“深度学习”的“标准确认”意味着质量话语乃至质量观的学生转向和学习转向。第二，“教学感知”的路径明晰，更深一步地意味着教师应超越方法之辨，走向对学生的心灵之思。第三，挖掘和探寻“金课”中的“中国智慧”“中国意蕴”，埋应成为中国学者和实践者的时代使命和永恒追求①。

操太圣从消费主义文化的角度对大学中的“水课”进行了批判性反思，指出“水课”之“水”，不仅体现在教师课堂教学行为的失范上，归根结底还体现在其对学生产生的效果较为有限、片面，是对“教书育人”之教学工作基本职能的淡忘与漠视。从历史发展的视野来看，尽管在国家大力提倡简政放权、增强高等教育活力的背景下，教育商品化和产业化发展使高等教育从国家的行政性管制中走出来，让社会力量通过有效的市场机制加入支持高等教育发展的行列中来，为高等教育发展带来了更多的社会资源，但同时也带来了一系列严重的问题。例如，教育自身的公共性被一再淡化，高校、教师和学生身上都表现出强烈的功利主义色彩；人们更加重视可见可测的行为指标，而没有耐心去关注价值等更深层次的东西。在教育成为商品、学生成为消费者的情况下，能够让学生取得高分、顺利毕业的课程便大受欢迎，这正是“水课”产生的深刻根源。大学需要举办有社会责任感的教育、呼唤有教学勇气的教师、营造有生命感的课堂、建立支持性的管理制度，以达到消除消费意识形态的幻觉、扬弃符号逻辑对人的异化之目的②。

别敦荣重点探讨了一流大学的教学管理问题，指出一流大学本科教学应当表现出造就一流人才、高选择性招生、一流的教学、一流的学习能力、

① 吕林海．“深度学习”视域下的大学“金课”——历史逻辑、考量标准与实现路径之审思［J］．高校教育管理，2020（01）．

② 操太圣．符号崇拜：消费主义文化视野中的“水课”批判［J］．江苏高教，2020（05）．

一流的人才培养方案、一流的人才培养模式、一流的课程教学、一流的教学设施条件、一流的教学质量保障和一流的教学文化等特征①。我国建设世界一流大学必须坚持整体观，应当在现有的本科教学体系中植入一流的基因和元素，树立全面的英才教学理念，制定并实施英才教学体系建设规划和行动计划，完善英才教学治理体系，以及培育全面的英才教学文化。同时，别敦荣等人在《国外一流大学本科教学改革与建设动向》② 中借鉴了国外一流大学本科建设经验，从教学理念、教学模式和教学管理三方面对中国的本科教育提出建设性意见：第一，在本科教学理念方面，树立全面性、创新型、国际化的人才观，开放性教学思想，树立教师发展理念，建立教师发展体系；第二，在本科教学模式方面，应致力于探索跨学科专业和多学科专业的人才培养，采用信息化教学模式，调整教学方法和教学组织形式；第三，在本科教学管理方面，应注重学生自我成长与发展，调动教师的积极性。

三、一流本科教育的质量评价

对本科教育质量进行科学的评价能够引导一流本科教育建设健康、有序地发展，因此，构建出具有中国特色的一流大学本科教育质量评估体系是我国一流本科教育建设的重要工作之一。课题组在充分研讨的基础上，研制出“双一流”建设高校本科教育质量评价指标体系与排名，并对133所“双一流”建设高校的本科教育质量进行评估分级③。此次排名并非是对各大高校进行终结性评价，而是为了引领高校的本科教育工作更加注重内涵式发展。课题组在指标的选定上经过了大量的论证和讨论，力求指标

① 别敦荣．一流大学本科教学的性质、特征及建设路径［J］．中国高教研究，2016（08）．

② 别敦荣，齐恬雨．国外一流大学本科教学改革与建设动向［J］．中国高教研究，2016（07）．

③ 中国高教学会．以本为本　以评促建——“双一流”建设高校本科教育质量评价与排名［R］．研究专报（第4期），2018．

具有科学性、引领性，着力收集到客观数据。最终通过对各大高校相关数据的收集、整理、计算，形成了“双一流”建设高校本科教育质量排行榜。

（一）评价原则

1. “以本为本”原则

《一流本科教育宣言》指出，“高教大计，本科为本；本科不牢，地动山摇；人才培养为本，本科教育是根。”① 追根溯源，自现代大学诞生以来，无论大学的职能如何演变，人才培养的本质职能从未改变，也从未动摇。中国的大学应当把本科教育放在人才培养的核心地位，放在教育教学的基础地位，放在新时代教育发展的前沿地位。只有大学切实注重一流本科教育建设，才能使我国高等教育获得坚实的基础和根本。从中国“双一流”建设的现状来看，“双一流”建设高校并不一定有一流的本科教育。因此，为了突出“双一流”建设中的一流本科教育的地位，本科教育质量评价将围绕本科教育工作构建指标体系，体现“以本为本”的评价原则与导向。

2. “四个回归”原则

教育部部长陈宝生强调，大学应当推进“四个回归”，把人才培养的质量和效果作为检验一切工作的根本标准②。一是回归常识。要围绕学生刻苦读书来办教育，引导学生求真学问、练真本领。对大学生要合理“增负”，真正把内涵建设、质量提升体现在每一个学生的学习成果上。二是回归本分。要引导教师热爱教学、倾心教学、研究教学，潜心教书育人。坚持以师德师风作为教师素质评价的第一标准，在教师专业技术职务晋升中

① 150 所高校联合发布一流本科教育宣言［EB/OL］. http://baijiahao.baidu.com/s?id=1603985123312994251&wfr=spider&for=pc.

② 陈宝生. 坚持“以本为本”，推进“四个回归”建设中国特色、世界水平的一流本科教育［J］. 时事报告（党委中心组学习），2018（05）：20.

实行本科教学工作考评一票否决制。三是回归初心。要坚持正确政治方向，促进专业知识教育与思想政治教育相结合，用知识体系教、价值体系育、创新体系做，倾心培养建设者和接班人。四是回归梦想。要推动办学理念创新、组织创新、管理创新和制度创新，倾力实现教育报国、教育强国梦。大学应把回归常识、回归本分、回归初心、回归梦想作为高校改革发展的基本遵循，激励学生刻苦读书学习，引导教师潜心教书育人，努力培养德智体美全面发展的社会主义建设者和接班人，加快建设高等教育强国。因此，在构建评价指标体系时，需要贯彻“四个回归”原则，强调学生要专心读书学习，教师要潜心教书育人，学校要倾心人才培养，高等教育要倾力实现教育报国。

3. 质量导向原则

《教育部关于深化本科教育教学改革，全面提高人才培养质量的意见》提出，大学要坚持立德树人，严格教育教学管理，深化教育教学制度改革，引导教师潜心育人，加强组织保障，通过深化本科教育教学改革来提高本科教育质量，培养德智体美劳全面发展的社会主义建设者和接班人①。推进本科教育的内涵式发展，必须要把人才培养质量作为一流大学建设的首要指标。因此，对本科教育质量的评价既要关注本科教育的基础性的质量要素，也强调一流大学的特色性的质量要素。

4. 公平、客观原则

中国高等教育发展存在着区域不平衡性，东部地区的高等教育发展水平要远高于中西部地区。但中西部高校为当地经济社会发展做出了巨大的贡献，在评价中要适当体现对相关高校毕业生扎根中西部、服务当地发展的倾斜。同时，严格遵循客观、透明原则，相关数据全部采取公开、权威数据来源，保证评价工作的科学性。

---

① 教育部. 关于深化本科教育教学改革，全面提高人才培养质量的意见［EB/OL］. http://www.moe.gov.cn/srcsite/A08/s7056/201910/t20191011_402759.html.

（二）指标体系

根据以上评价原则，课题组从投入、过程和结果三个维度，构建了涵盖本科教育工作各个环节的相对完整的指标体系，具体包括3个一级指标、12个二级指标和22个三级指标。在确定指标体系后，采用专家咨询法确定各指标权重。

1. 教育投入

教育投入上的具体指标包括：

（1）生源质量，采取标准化的高考成绩作为衡量指标；（2）教师素质，以教师的学术水平和教师的教育教学能力来反映；（3）教学投入，关注学校是否将一流的师资配备到本科教育上，是否将资源和经费首先配备到本科教育上。

2. 教育过程

课题组提炼6个衡量一流本科教育过程的二级指标，具体包括：教科融合、通识教育、教学改革、学生选择、创新创业、国际化。这6个二级指标和相应的三级指标旨在引导高校落实立德树人根本任务，将学科优势和科研优势转化为教学优势，优化课程结构，提高教学质量，激发学生投入，强化创新创业，彰显国际竞争力。

3. 教育结果

从升学、就业和社会评价维度选择指标，具体包括：（1）发展深造，较高的升学深造比例是一流本科教育的重要特征；（2）就业质量，劳动力市场表现是检验毕业生质量的重要维度；（3）社会声誉，社会声誉是社会公众对一所高校教育质量的认可程度。具体指标如表4.1所示[①]。

---

① 中国高教学会. 以本为本　以评促建——“双一流”建设高校本科教育质量评价与排名［R］. 研究专报（第4期），2018.

表 4.1 “双一流”建设高校本科教育质量评价指标体系

一级指标	二级指标	三级指标	权重
教育投入（25%）	生源质量	高考成绩	5%
	教师素质	师均论文数量（ESI 论文与 CSSCI 论文）	5%
		师均论文引用量（ESI 论文引用量）	3%
		国家级教学名师数量	2%
	教学投入	师生比（专任教师/学生）	2%
		承担本科教学的教授比例	3%
		生均本科教学经费	5%
教育过程（50%）	教科融合	与本科专业匹配的一级重点学科数量	10%
	通识教育	生均通识教育课程门数	2.5%
		通识教育课程占总课程的比例	2.5%
	教学改革	国家级规划教材数量	2.5%
	学生选择	国家级教学成果奖	10%
	创新创业	选修课程学分占总学分的比例	2.5%
		国家级精品在线开放课程门数	5%
		“挑战杯”全国大学生课外学术科技作品竞赛获奖	5%
	国际化	“挑战杯”中国大学生创业计划竞赛获奖	3%
		“互联网 +”大学生创新创业大赛获奖	2%
		留学生占本科生总数比例	2.5%
		出国（出境）交流学生占本科生总数比例	2.5%
教育结果（25%）	发展深造	毕业生升学（含出国深造）比例	10%
	就业质量	毕业生薪酬（根据各地区物价指数折算）	10%
	社会声誉	社会捐赠（含校友捐赠）	5%

（三）“双一流”建设高校本科教育质量排名

基于上述评价指标体系，课题组根据公开、权威数据，利用大数据收集处理方法，使用最严格的校对与编程技术，最终构建涵盖 133 所“双一流”建设高校的本科教育质量评价数据库（不含 4 所军事类院校）。利用上述数据库，课题组对“双一流”建设高校进行排名分级（详见表 4.2），这种分级与我国1240余所本科高校的前1%、2%、5%的数量可大致对应起来①。

表4.2 “双一流”建设高校本科教育质量百优榜

等级	高校
A++（前10名）	清华大学、北京大学、南京大学、上海交通大学、浙江大学、复旦大学、武汉大学、中国科学技术大学、西安交通大学、华中科技大学
A+（第11~30名）	同济大学、中国人民大学、北京航空航天大学、哈尔滨工业大学、厦门大学、东南大学、北京师范大学、四川大学、中山大学、对外经济贸易大学、南京理工大学、西北工业大学、南开大学、吉林大学、中国农业大学、中南大学、南京航空航天大学、天津大学、山东大学，北京科技大学
A（第31~50名）	北京理工大学、大连理工大学、电子科技大学、华南理工大学、外交学院、辽宁大学、北京外国语大学、北京交通大学、西安电子科技大学、武汉理工大学、华中农业大学、华东师范大学、重庆大学、上海外国语大学、宁波大学、北京邮电大学、湖南大学、华东理工大学、中央财经大学、中国药科大学
A-（第51~100名）	中国政法大学、上海中医药大学、东北大学、哈尔滨工程大学、上海大学、中国地质大学（武汉）、天津医科大学、北京林业大学、南京师范大学、上海财经大学、北京工业大学、北京中医药大学、北京化工大学、江南大学、中国海洋大学、华中师范大学、东华大学、南京中医药大学、兰州大学、合肥工业大学、北京协和医学院、湖南师范大学、西北大学、江南大学、中国海洋大学、华中师范大学、东华大学、南京中医药大学、兰州大学、合肥工业大学、北京协和医学院、湖南师范大学、西北大学、中国石油大学（北京）、南京农业大学、中央音乐学院、河海大学、中国地质大学（北京）、西北农林科技大学、西南财经大学、西南交通大学、广西大学、南昌大学、苏州大学、暨南大学、延边大学、郑州大学、中南财经政法大学、中国矿业大学、华南师范大学、南京信息工程大学、东北师范大学、华北电力大学、西南大学、上海音乐学院、中央民族大学、中国传媒大学、首都师范大学、安徽大学、北京体育大学

四、中国特色一流本科教育建设的启示建议

（一）坚持“以本为本”理念，把立德树人作为一流本教育的核心任务

建设一流大学和一流学科，首先需要建设一流本科，没有一流本科，

① 中国高教学会. 以本为本 以评促建——“双一流”建设高校本科教育质量评价与排名［R］. 研究专报（第4期），2018.

就不会有真正意义上的一流大学和一流学科，这样的观点在“双一流”建设的不断推进中已日渐成为人们的共识；与此同时，政府近年来密集采取了一系列发展本科教育的重大举措，出台了一系列针对本科教育的重要政策，召开了一系列本科教育工作的重要会议，发出了“以本为本、四个回归”的号召。根据教育部部长陈宝生在“新时代全国高等学校本科教育工作会议”的讲话，“以本为本”是由本科教育的本质属性决定的，也是由本科教育的地位作用决定的，还是世界高等教育发展的共识和趋势①。这就要求中国大学的“双一流”建设需要坚持“以本为本”的理念，把一流本科作为核心和基础。

当然，在一流的大学是否要有一流本科教育的问题上，也有学者提出了不同的看法。例如，黄福涛在《什么是世界一流大学的本科教育》一文中称，世界一流大学强调更多的是研究生特别是博士阶段的教育，目前并没有证据表明世界一流大学所提供的本科教育就是一流的本科教育②。但我们认为，中国和美国的情况不同，具体表现为：第一，美国顶尖的精英型文理学院可以为美国的大学输送优质的本科人才，因此美国顶尖的研究大学不需要更加强调本科教育，但我国的研究生生源需要国内的本科教育进行供给，所以我们最优秀的本科生仍需研究型大学进行培养；第二，美国研究型大学依靠强大的学术实力和高水平的研究生教育，收割了全世界尤其是发展中国家的最优秀的本科生，当然也包括中国的优秀本科生，而我们最优秀的研究生生源仍来自国内重点大学的本科生；第三，美国自20世纪80年代以来已经开始反思大学不重视本科教育的负面效应，从《重建本科教育：美国研究型大学发展蓝图》（简称《博耶报告》）到斯坦福报告都说明了这一点，而且随着美国超级霸权国际地位的相对衰落，大量国际学术人才的回流，将来美国“收割机”的功能会减弱，最后将不得不自己培

① 陈宝生．坚持“以本为本”，推进“四个回归”建设中国特色、世界水平的一流本科教育［J］．时事报告（党委中心组学习），2018（05）：20.

② 黄福涛．什么是世界一流大学的本科教育［J］．高等教育研究，2017（08）.

养最优秀的本科生，重视打造一流的本科教育。因此，在现阶段，中国的“双一流”建设需要重视本科教育，也依赖于一流本科教育建设。

一流本科教育建设需要把“立德树人”作为核心任务。在“双一流”建设之初，《双一流建设总体方案》便将“立德树人”视为发展建设一流大学与一流学科的根本，提出“坚持以中国特色、世界一流为核心，以立德树人为根本，以支撑创新驱动发展战略、服务经济社会发展为导向，加快建成一批世界一流大学和一流学科，提升我国高等教育综合实力和国际竞争力”。而党的十八大以来，习近平总书记高度重视教育工作，多次在讲话中论及立德树人问题，在党的十九大报告中亦明确提出，“要优先发展教育事业，加快一流大学和一流学科建设，实现高等教育内涵式发展”，并提出了“全面贯彻党的教育方针，落实立德树人根本任务”的要求。习近平总书记关于立德树人的重要论述，系统阐明了新时代“培养什么样的人、如何培养人以及为谁培养人”这个根本问题，为推进一流大学与一流学科建设，推进中国特色社会主义教育事业发展提供了科学指南。因此，立德树人是教育的根本任务，是高校的立身之本。高校的根本任务在于培养一流人才。培养不出一流人才，我国高校怎么办也办不成世界一流大学。要把我国高校办出世界一流水平，必须牢牢抓住全面提高人才培养能力这个核心。而本科教育是高校一流人才培养的基础，是高校建设世界一流大学的重要影响因素，为此在“一流本科教育”建设过程中，也需要坚持“立德树人”的理念，牢固树立人才培养中心地位。

（二）以“科教融合”理念来引领研究型大学的本科教育改革

研究型大学是“双一流”建设的主力军，除了坚持“立德树人”“以本为本”的理念外，研究型大学本科教育改革还需要以“科教融合”理念来引导。从国内目前的情况来看，有关对学校、学科和教师的评价都比较轻视教学。比如，大学排名关注的是科研成果和可量化指标，学科评估重数量轻质量，教师评价重科研成果轻教学成果。这些情况必然导致作为学校科研和教学主体的教师难以把主要精力放在教学上。教师的研究成果也未能有效地转换为教学内容、科研优势没有有效地转换为教学优势，从而，大学没有形成科研与教学同生共进的探究文化，进而丧失了科研和教学彼此互补、相互滋养的良好局面①。

强调研究型大学的本科教育并不是要以牺牲科研为代价，而是要“科教融合”，以科研来带动教学。从美国的经验来看，美国顶尖研究型大学重视本科教育的做法也并没有忽视科研的地位，而是尝试把大学打造成一个新的本科教育模式。美国著名的《博耶报告》指出，研究型大学的参与者之间要建立一种共生关系，即研究型大学教师教学和学生学习相互促进，以提供仅在研究型大学才有的新的本科教育体验②。张大良在《创建具有中国特色世界水平的一流本科教育》中曾经指出，评定高校是否办出一流本科教育有5个最基本最核心的观察点：一是学校是否具有一流的师资队伍；二是学校是否有政策制度保障一流的师资配备到本科教育；三是学校是否把一流学科优势和一流科研优势转化为教学优势；四是学校的一流科研成果是否及时转化为教学内容；五是学校是否培养出一大批优秀创新创业人才③。其中有两项涉及了“科教融合”问题。因此，我国研究型大学的一流本科教育改革，需要以“科教融合”理念作为指导，充分发挥研究型大学科研资源丰厚的优势，以科研引领教学，以教学带动科研。正如张红霞教授所说，在我们完成国家层面和学校层面学科的重新洗牌、尘埃落定之后，在校园里的所有成员而不仅仅是教育研究者都能理解科研与教学融合的真谛之时，“一流大学必然有一流本科教育”的无为而治的局面就水到渠成了④。

---

① 陈骏. 一流人才与一流本科教育：理念、问题与方向［J］. 中国高教研究，2018（3）：4-7.

② Inuniversity B C O E U, Brook S, NY. Reinventing Undergraduate Education: A Blueprint for America's Research Universities.［J］. 1998: 7-8.

③ 张大良. 创建具有中国特色世界水平的一流本科教育［J］. 中国高教研究，2016（06）.

④ 张红霞. 有感一流大学与一流本科关系的三个阶段［N］. 南京大学报，2018-07-10（04）.

（三）重视大学生学习研究，扎根本土文化认识中国学生的学习规律

本科教育质量的提高最终要落脚于大学生的发展和成长。龚放教授指出，大学生成长和发展最关键、最重要的一条，“还在于学生‘投身学习’的意愿和行动！只有学生投入了，经历了，体验了，领悟了，才是收获，才是绩效，才是质量，其余都是‘浮云’！”① 但正如已有研究所展示的那样，中国大学生具有自身独特的学习规律和特点，受到中国文化的深刻影响。史静寰教授在《探索中国大学生学习的秘密》一文中说道，“从事大学生学情研究十余年的经历使我越来越深刻地意识到，学生学习问题不仅是一种基于生理和心理机能的生物行为，更是建构在特定文化传统和心智习惯上的社会行为。”② 这就需要我们要能够从本土视角出发，扎根中国文化来深入探索、理解中国学生的学习现象。

实际上，自21世纪以来，我国的大学借鉴西方发达国家的经验在本科教育实践上进行了许多改革，例如推动教授上讲台、开设新生研讨课、实施拔尖学生计划，但中国大学生与西方学生相比仍然展现出自身独特的学习规律和特点，这不得不引起我们的思考和重视。在院校层面继续加大本科教育实践的改革力度之外，研究者需要更加重视中国大学生的学习研究，要把大学生学习视为一种文化现象，而不是简单地移植西方大学生学习研究的概念、测量工具、理论模型。未来的大学生学习研究要努力通过对中国大学生学习规律特点的深刻揭示，来帮助院校制定出更具针对性的实践改革举措，最终能够切实促进大学生的发展和成长。

（四）科学评价本科教育质量，引导本科教育建设健康、有序发展

在中国特色一流本科教育建设的过程中，对大学本科教育质量进行评价将发挥着引导本科教育健康、有序发展的重要作用。为此，中国特色一

---

① 龚放．聚焦本科教育质量：重视“学生满意度”调查［J］．江苏高教，2002（01）．

② 史静寰．探索中国大学生学习的秘密［J］．中国高教研究，2018（12）．

流本科教育建设需要施行本科人才培养质量的科学评价，以促使高校将人才培养的质量和效果作为检验一切工作的根本标准。在评价工作的具体实施上，需要加强宣传引导，委托第三方研制和发布《“双一流”建设高校本科教育质量年度监测报告》。在国家层面可以建立本科教育质量评价的协同平台，设计数据治理框架，委托在本科教研方面拥有长期积累的第三方，研制并定期发布“双一流”建设高校本科教育质量年度监测报告，突出评价应用与服务决策功能。

除了对本科教育质量进行评价外，国家还需要重视建设本科教育“质量工程”，全面深化本科人才培养模式改革，以彰显“双一流”建设高校本科教育的核心竞争力。在具体做法上，可以设置专项资金，引导高等学校认真研究社会发展、科技进步与教育体制改革对人才培养带来的严峻挑战，努力在专业结构优化、协同育人机制形成、拔尖创新人才培养、信息技术融合等重点领域和关键环节取得突破。

专题五

一流大学内部治理结构与人才战略研究

“加快一流大学和一流学科建设，实现高等教育内涵式发展”是新时代高等教育肩负的神圣使命，实现高等教育治理现代化本质上就是高等教育内涵式发展的过程，离不开大学内部治理体系的建设和人才战略的实施。制度与人才是实现“双一流”建设目标的两个关键要素。大学治理与人才资源犹如“车之两轮、鸟之两翼”。治理结构是根本之根本，人才队伍是关键之关键。在加快一流大学建设中，完善大学内部治理结构和人才队伍建设是两个彼此关联的关键要素。

建设世界一流大学的紧迫性，不能没有人才建设和制度创新的紧迫性。大学内部治理要坚持党对高校工作的全面领导，遵循高等教育规律，发扬中国特色大学办学治校经验；破除阻碍发展的体制机制性障碍，完善我国大学治理结构，不断探索，创新发展，推进高等教育治理体系和治理能力现代化。大学内部治理结构是一个复杂的矩阵结构和系统工程，大学内部治理结构的研究探索，需要在横向和纵向关系上总体把握，聚焦现实问题，抓住主要矛盾和矛盾的主要方面，把握环境、组织、权力、制度、文化等五个要点和时间空间两个维度，在改革实践中逐步深化。好的大学治理结构首先取决于相关要素及其相互间的有机联系，使大学内部不同利益主体有机会参与决策，强化管理者与被管理者互动，降低组织内部不必要的摩擦和损耗，提高办学治校育人效果；好的大学内部治理结构要考虑大学组织广泛的外部联系，大学发展的逻辑由单一的学术逻辑演变为学术逻辑与社会逻辑并存，再到学术逻辑、社会逻辑与市场逻辑并存的多维逻辑体系，发展的驱动力与主体发生着深刻改变，由此改变着大学的治理体系；好的大学内部治理结构具有历史方位感。历史与现实都说明，没有放之四海而皆准的唯一有效的一流大学治理体系。

建设一流大学和一流学科，师资人才仍然是短板，用人机制是制约瓶颈，要在国家、高等教育系统和学校三个层面实现政策整合、形成合力。国家层面的重点是推进制度创新，加强政策统筹整合，加大政府支持力度，形成强有力的国家战略。进一步研究国家层面支持高校人才发展的重大政策举措，特别是引进拔尖人才、促进教师合理流动、薪酬、社会保障制度等特殊政策。高等教育系统要找准国家政策与高校人才建设的结合点，充分利用人才政策红利。把握“双一流”建设高校人才成长和队伍建设的规律，进一步研究破解高校人才战略面临的诸多困难和问题。探索实施有利于吸引人才、用好人才的治理结构，实行以增加知识价值为导向的人事分配政策。建立科学合理的高校人才流动机制。学校层面进一步聚焦改革。要加大人才引进力度，引进和培养学科领军人物和学术英才，集聚和培养具有国际影响力的高层次人才和勇于开拓的高水平创新团队。创新教学科研组织方式。创新教师用人制度，推行分类管理，强化激励机制。形成中青年教师可持续发展、健康成长和脱颖而出的制度环境。

因此，本专题系统梳理相关理论与实践研究成果，旨在从一流大学内部治理结构与一流大学人才战略两个方面来阐述当前“双一流”建设中我国大学内部治理结构和人才战略两方面的改革经验，探讨关键要素和内在规律，探索符合国情的有效路径，为加速“双一流”建设提供有理论意义和实践价值的决策依据。“双一流”建设对大学内部治理以及人才战略提出了新的要求和更严峻的挑战。二者无论从内涵还是实践都需要进一步得到深化和落实。

一、建设中国特色世界一流大学的内部治理结构

（一）一流大学内部治理体系的建设理念

对于一流大学内部治理体系的分析，需要对大学内部治理结构要素、一流大学建设要求、一流大学要素以及大学内部治理体系对一流大学建设的价值等进行分析。需要厘清大学内部治理体系与“双一流”之间的相互联系。正如眭依凡教授所言，“一个不能按大学应有规律办学治校育人、内部治理混乱、效率低下的大学绝不能建成一流大学，换言之，没有与一流

大学相适应的内部治理体系根本不可能建成一流大学，更不能期许该大学具有一流大学追求卓越的办学格局和一流大学的竞争力”。[①]

1. 一流大学需要依制度办学、据规章治校、按规律育人

“一流大学”与“一流学科”的建设不仅是依靠外力的驱动，例如增加投入、改善制度环境及办学条件等方法可实现的目标，亦是通过组织治理结构创新以提高办学治校育人效率才能达成的结果，两者缺一不可。大学组织的特征之一是非进步性和成本最大化，如果以卓杰人才培养和知识创新为目的，外部条件驱动是一流大学建设不可或缺的前提。然而，正是由于大学尤其是一流大学对优质资源高度依赖这一组织特征，决定了大学组织更是一个必须注重资源利用和管理效率的组织。“外因是变化的条件，内因是变化的根据”这条哲学定律，对于大学的发展而言，亦是不能超越的规律。基于此，大学内部治理体系之于一流大学建设具有决定性意义。

一流大学的创建既取决于大学的投入及外部环境的改善即要素驱动的力量，更取决于能否按照一流大学应有的规律办学治校育人。而所谓世界一流大学就其内部而言，是“规律”“学科”“人才”“制度”“资源”“文化”六大要素的集成及协调的产物。由于大学特有的学术和教育组织的本质属性及核心使命，使其天然就是一个极度复杂的社会组织，其活动复杂、目标的一致性与多样性交融、成员自主性要求高、多元权力结构及其博弈，等等，使大学必须严格遵循其内在的规律办学治校育人，内部治理体系的好坏，不仅直接关系到大学能否稳定并守持于既定的办学定位，更直接关系到其是否有利于大学遵循自身的规律，从而激发“学科”“人才”“制度”“资源”“文化”的活力和效率，为办学治校育人提供高质量、高效率的服务。[②]

---

① 眭依凡．内部治理体系创新之于“双一流”大学建设何以重要［J］．探索与争鸣，2018，344（06）：33－50.

② 眭依凡．内部治理体系创新之于“双一流”大学建设何以重要［J］．探索与争鸣，2018，344（06）：33－50.

2. 一流大学需要具备大学理性、资源基础、治理模式三大要素

大学理性、资源基础及治理模式这三个要素构成对一流大学建设发生影响的金字塔（图 5.1）。首先，大学的学术属性决定了其必须是一个自觉自律的理性组织，其行动受制于大学理性且其行动结果很大程度是被大学组织及其成员所持的理性预先决定的。一流大学建设必须以遵循大学办学治校育人的属性及规律为指导，所以大学理性之于一流大学建设具有置顶的重要性。其次，大学是需要靠消耗大量资源来支撑的贵族型学术组织，对巨大资源的依赖是一流大学建设不可或缺的资源基础，由于资源之于任何一所大学都是有限而非取之不尽用之不竭的，所以即便在西方高等教育强国，一流大学也只能是少数大学的理想和目标。上述两个要素具备后，一流大学能否建成则完全取决于大学的内部治理模式，所以治理模式是一流大学建设底部厚重的不可逾越的操作性基础，对一流大学建设的得失成败具有决定性的作用。[①]

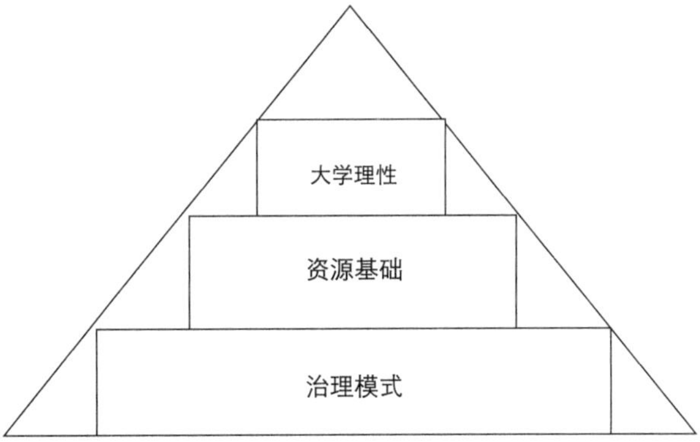

图 5.1　一流大学竞争要素金字塔结构

3. 一流大学需要遵循组织发展的多重逻辑

治理的变革，首先源于大学组织发展动力与自身逻辑的变革。从高等教育发展历程来看，在知识进步与大学职能扩展的过程中，大学发展的逻

---

① 眭依凡．关于一流大学建设与大学治理现代化的理性思考［J］．中国高教研究，2019（05）：1－5.

辑由单一的学术逻辑演变为学术逻辑与社会逻辑并存，再到学术逻辑、社会逻辑、市场逻辑与文化逻辑并存的多维逻辑体系，由传统的一元制度逻辑转向多重制度逻辑，发展的驱动力与主体发生着深刻改变，由此改变了大学的面貌，也改变着大学的治理体系。

美国学者皮拉尔·门多萨（Pilar Mendoza）和约瑟夫·B. 伯格（Joseph B. Berger）提出了大学组织文化的多重组织逻辑体系，其中学术逻辑包括组织文化的制度实践和符号构建，社会逻辑是指社会对于大学的期望，如大众化教育和知识的保持与发展等。这两种逻辑较早地存在于大学的内部，而市场逻辑反映了大学对社会经济增长、熟练劳动力的培训、商业应用的研究等方面的贡献，体现了市场力量对于大学学术的影响。①

除了学术逻辑，社会逻辑和市场逻辑之外，也有学者提出文化逻辑，其现实针对性在于，严重的功利主义取向影响了学术的品位和原创性，而原创性是一流研究型大学的本质特征，也是中国大学从国内走向国际舞台的一个重要标志。哈佛学院前院长刘易斯在《失去灵魂的卓越》一书中写道："大多数顶级教授在赢得学术地位的过程中，独立性、原创性和创造力都是成功的关键。"为了实现上述目标，中国一流大学的变革方向就是要去粗取精、去伪存真，回归大学的本质，将学术作为目的而不是工具。如何才能做到这一点呢？就是要转变价值观，以文化作为行动的引导。大学组织不同于经济组织，在大学组织中，尤其是知识创造和传承过程中，其本质不是从上至下的委托代理关系，而是反向的关系，即以学术人员为中心，管理者仅扮演服务的角色。大学组织文化的功用，不在于节约成本，而是追求学术卓越和原创性知识目标。②

4. 一流大学需要一流的治理理念和治理模式

没有一流的治理理念和治理模式，创建世界一流大学和一流学科等于

---

① 李立国．大学发展逻辑、组织形态与治理模式的变迁［J］．高等教育研究，2017（06）：28－35.

② 阎凤桥．思想引领：世界一流大学治理的核心特征［J］．探索与争鸣，2018，344（06）：41－43.

空话。世界银行报告《迎接世界级大学建设的挑战》，将“良好治理”“人才汇集”和“充足资源”视为建设世界一流大学的三个基本前提条件。那么何为“良好治理”（favorable governance）？何为“良好之大学治理”呢？按照世界银行的定义，良好治理是指“治理者利用手中的政治权力、机构资源处理社会问题和事物活动”。由此引申，大学治理就是“大学治理者利用所掌握的权力和资源，遵循某种原则处理高校教学、科研等事务活动”。美国学者伯恩鲍姆认为，大学为实现组织控制和影响创设出两个等效而不同的系统，其中一个是基于合法权威性建立的行政系统，另一个是基于专业权威建立的学术系统。据此，他把大学治理定义为“是为达到两个系统平衡目的，在组织内部和外部重大事务上进行权威性决策的过程”。自20世纪80年代以来，伴随新公共管理主义的兴起，大学治理尤其是“共同治理”（shared governance）概念从历史走到现在，从理论走向实践，大学治理的基本内涵也已发生变化；判断其治理“好”与“坏”、“优”与“差”的标准也发生了较大的变化。伴随高等教育大众化和普及化时代的来临，大多数大学业已成为“巨型”的复合性组织。引进“良好的公司治理”模式，倡导“公平与效率统一”“决策民主与透明”“竞争与合作”的理念，建立广泛的“参与式决策”“目标合约式管理”等机制，成为大学普适性的发展理念和相似的管理策略。正可谓，一流大学治理所追求的是通过资源、权力的合理配置，实现大学组织和目标发展的最优化，而非最大化。如澳大利亚学者 M. 爱德华指出：“对于今日大学而言，良治的含义不再看做了多少，还应该看怎样去做。”①

总而言之，大学内部治理结构体系为“双一流”建设提供了制度和运行的基础，“双一流”建设为大学内部治理结构革新提供了实施根据。实现“善治”“良治”是一流大学的基本任务之一，而有效的治理体系能够推动依法治校、民主治校、科学治校。

---

① 施晓光. 一流大学治理：“双一流”建设所必需［J］. 探索与争鸣，2017（08）：39－42.

（二）一流大学内部治理结构的变革路径

既然大学内部治理是实现“双一流”大学建设的基本前提，那大学应该如何完善内部治理结构是亟待解决的重要问题，而完善大学内部治理结构的关键，是建立一系列基于大学使命的权力配置和利益平衡机制。大学组织是一个复杂系统。有没有一个好的内部治理结构，直接关系到大学能不能确保正确的办学方向，能不能遵循教育规律办学治校，能不能形成近悦远来的吸引力和百舸争流的学术氛围，能不能形成高水平人才培养体系和追求卓越的核心竞争力。关于大学内部治理结构这个复杂系统，需要多视角考察，在普遍联系中把握其规律与特点。①

1. 我国一流大学内部治理体系的变迁过程

从制度变迁角度出发，我国大学内部管理体制改革肇始于1979年底苏步青等校长的呼吁。政府由此开始审视政校关系，大致确立了高校体制改革的方向，体现在1985年《中共中央关于教育体制改革的决定》、1986年《高等教育管理职责暂行规定》中“简政放权、扩大高校自主权”等相关要求上。此后，1993年《中国教育改革和发展纲要》进一步强调了政府的宏观管理，1998年《中华人民共和国高等教育法》以立法形式明确了高校的七项自主权。但由于高等教育管理体制改革的转向，从之前的“简政放权，转变职能”偏移到“两级管理、条块结合”的布局结构调整，从解决政府对高校“管什么”“如何管”的问题转到解决“由谁管”（由哪一级政府管）的问题，加之国家“拉力”、学校“动力”、社会“推力”的缺乏，改革总体处于等待状态。尽管如此，大学内部治理仍然取得了一些突破，包括大学领导体制的基本定型、学术委员会制度的确立、院长负责制的施行、党政联席会制度的设立，等等。

2010年《国家中长期教育改革和发展规划纲要（2010—2020年）》吹

---

① 管培俊．大学内部治理结构：理念与方法［J］．探索与争鸣，2018，344（06）：28－31．

响了“完善内部治理结构”的号角。北京大学等26所部属高校被确立为国家教育体制改革试点单位，围绕“完善高等学校内部治理结构”进行探索。2011年《高等学校章程制定暂行办法》提出要“依法完善内部法人治理结构”“科学设计学校的内部治理结构和组织框架”等。2013年，党的十八届三中全会公报将推进国家治理体系和治理能力的现代化作为全面深化改革的总目标，会议通过的《中共中央关于全面深化改革若干重大问题的决定》在第42条明确提出要“完善学校内部治理结构”。

如果说上述尚是原则性要求，那么2014年国家教育体制改革领导小组办公室专门下发《关于进一步落实和扩大高校办学自主权，完善高校内部治理结构的意见》则明确了“完善高校内部治理结构”的方向。2015年的《关于深入推进教育管办评分离，促进政府职能转变的若干意见》、2017年的《教育部等五部门关于深化高等教育领域简政放权、放管结合、优化服务改革的若干意见》无疑体现了政府部门对变革的“推动力”。同时期，《学校教职工代表大会规定》《高等学校学术委员会规程》《普通高等学校理事会规程（试行）》《关于坚持和完善普通高等学校党委领导下的校长负责制的实施意见》相继出台。“双一流”建设启动后，《统筹推进世界一流大学和一流学科建设实施办法（暂行）》强调“要完善内部治理结构，形成调动各方积极参与的长效建设机制”。《关于高等学校加快“双一流”建设的指导意见》强调要“规范高校内部治理体系，推进管理重心下移”。

从原则性提出“完善治理结构”要求，到组织试点，再到上升至国家治理现代化高度，结合政府与高校边界重构（管办评分离、简政放权），以章程建设为突破口推进实施，出台实施规程，将“完善内部治理结构”与“双一流”建设结合，“完善大学内部治理结构”的重要性已经不言而喻。从深层次看，完善大学内部治理结构更是在回应新时期的诸多新要求、新挑战，在纷繁复杂的内外部环境影响下，以制度建设和治理改革推动一流大学建设。总体而言，涉及以下几个方面。

一是构建更加完善的大学治理体系。对政府而言，是职能转变、简政放权；对高校来说，是形成责任意识、提升治理能力。从治理架构上看，这是回应权力结构不均衡，走出一元行政化治理，尊重资源配置的市场机制，解决对外部缺乏开放性和回应性等问题。同时，这也是旨在探索权力“下放后”，高校能否“接得住”，是否会产生秩序紊乱，能否真正走出“放乱收死”的历史怪圈。

二是加强大学内外部的协作。基于创新驱动发展战略，以治理创新营造高校创新生态环境，激发创新活力，提升创新水平。大学的治理创新要结合高校创新能力提升计划（“2011 计划”）、“双一流”建设等的要求，关注纵、横向权力结构重构，如“重心下移”、校院间的权力边界调整等，通过创新型大学建设，重塑与外部社会的关系格局等。

三是提高治理的“制度化”水平。大学内部治理可通过建立系统完备、科学规范、运行有效的制度体系，形成规范化、程序化制度机制，解决“因人而异”“朝令夕改”“头痛医头、脚痛医脚”“一事一议”等主观、随意、“制度化”程度不高的问题。

四是以教育综合改革推进“教育现代化”。即从治理现代化入手，通过现代大学制度建设，特别是治理结构体系的完善，解决教育改革进入“深水区”“攻坚期”后单项或局部改革效果不佳等问题。

五是围绕“扎根中国大地办大学”要求，通过大学治理体系承载“中国特色”，既体现多元共治普遍性特征又具“在地性”。这关系着我们能否走出“结构化凝视”误区，即西方大学代表着标准，而我国大学则被视为有待矫正的偏差。这也意味着能否规避以下问题——忽略西方独特发展历史，无视本国大学发展阶段性，止步于非此即彼、二元对立、脱离中国实际的争论，或盲目“嫁接”“接轨”，从而丧失自身主体性。①

2. 现代大学治理模式及其特征

结合大学的学术逻辑、社会逻辑、市场逻辑和文化逻辑，在不同的组

---

① 张衡，眭依凡．大学内部治理体系：现实诉求与构建思路［J］．高校教育管理，2019，13（03）：35－43.

织形态下，高校形成了不同的治理模式。西方学者在探讨大学治理问题时，大致归纳了以下几种大学治理模式：

一是学术治理模式，它由美国组织管理学家马文·W. 彼得森（Marvin W. Peterson）等人提出，亦称为学术同行治理、学术同僚治理，其基本特征是教授治校，学术同行掌握各项权力，不必顾忌外部的领导权力。

二是科层治理模式，亦称官僚治理模式，源于德国社会学家韦伯，强调基于合法理性的权力，组织结构严密，下级服从上级。20 世纪中叶以后，随着高等教育规模的扩张和巨型大学的出现，高等教育管理日趋复杂，科森和斯特鲁普提出了科层治理模式，强调以大学校长为首的行政权力和董事会作为决策机构在大学治理中应发挥重要作用，大学治理由学术同行治理转向威权治理。

三是政治治理模式，由鲍德里奇、萨兰奇克、佩弗克等学者提出并完善。自 20 世纪 70 年代以来，大学治理变得愈加复杂化和多样化，与大学事务相关的利益群体日益增加且对大学有着不同的利益诉求，并且逐步地参与到大学治理中来。与官僚治理理论认为大学治理属于封闭的组织内部决策不同，政治治理模式强调大学治理的开放性和外部利益群体参与大学治理的可行性，所以政治治理也称共同治理。

四是创业式或企业式治理模式。克拉克提出了创业型大学的概念，他认为，在国家紧缩公共预算并减少财政拨款的背景下，大学应该多用企业式的灵活经营方式，加强与社会的合作，促进学术服务发展，以获得更多资源。该理论模式强调外部力量参与大学治理，并提出建立强有力的核心行政领导，强调决策的有效与高效，强调学术服从于行政，为此有人称之为高等教育公司模式。

这四种组织的行为模式也各有特点。从参与人员来看，学术专业化组织的参加人员主体是教师；而科层官僚化组织则是教师与学校的高级管理人员；在政治组织模式中，参与人员除了学校内部的教师与高级管理人员外，学校内部的学生群体、职工群体和外部的有关社会力量也在学校治理中发挥着各自作用，体现出大学治理的主体多元化；企业化治理的主体是大学的高层管理人员。从角色定位来看，学术专业化组织中的教师具有参与者的一致性，都是基于学术的探索与发现知识、传播知识；科层官僚组织体现的是参与者的相互合作，是不同岗位、不同职位之间的基于权力的合作与命令；而政治性组织中的角色定位则是不一致的、多元的，教师、高级管理人员、学生及外部力量在治理中体现的需求是不同的，他们在治理过程中有相同利益的诉求，也有不同利益的冲突；企业化治理是高层管理者制定规则与制度，教师处于从属地位。从组织目标来看，学术性组织并无固定的组织目标，缺乏规划与目标设计；科层官僚制组织不但会有规划设计的组织目标，而且会为实现组织目标的最大化而努力；而政治性组织则集合了多种目标，有时为了实现个体或群体目标和意愿，会以牺牲集体权益为代价，与科层组织实现目标的最大化不同，它只能实现组织目标的次优化；企业化治理是在与同类高校比较中实现组织目标的最优化、最大化。从权力和控制来看，学术性组织的权力体现出分散化特征；而科层组织则体现出中心化与官僚化的特征；政治性组织体现出非中心化特征，是基于利益的新的联盟与相互合作；企业化治理体现出中心化、自上而下的管理体系与扁平化管理特征。从信息来源来看，学术组织的信息来源是一致的、单一的；科层制组织的信息来源则是广泛的、系统的；而政治性组织由于存在不同利益主体，其互动模式是冲突与相互合作，大学的发展逻辑、组织形态与治理模式是密切相关的，是大学与政府、社会、市场互动的结果。

四种大学组织形态与治理模式不是固定的，也没有一致的演进模式。不同国家与地区、不同民族文化传统的大学，呈现出不同的组织形态与治理方式，无论从世界大学发展的历程来看，还是从部分国家大学发展的进程来看，现代大学的治理无不深深地嵌入现代国家的治理框架中。大学组织与治理不是一种单一的世界秩序，也没有严格的最好的权威模式，而是一系列与治理相关的活动、规则、正式和非正式的机制在大学组织变革与治理变迁的共存现象，是由一系列关联的活动、规则和安排组成的松散的架构。即使在同一国家地区的不同层次和类型的高校，由于其定位不同、履行高校职能任务的不同，其组织形态与治理模式也不同。①

3. 大学治理的研究趋势

（1）“硬治理”向“软治理”的转变。

随着国家治理体系和治理能力改革的不断深化，大学治理也相应地成为我国高等教育领域的热点问题之一。权力问题一直是大学治理理论的核心所在，它引发了不同专业领域学者的研究兴趣，并形成了各种观点。同时，学术界也逐渐形成了一定程度的共识，即大学内部权力必须讲求合作与协商，对其实现路径的探讨也逐渐归拢。总体来看，目前关于大学内部权力方面的多数研究成果主要聚焦在要素、结构、制度、模式等方面，主张以“硬治理”来实现大学内部的权力均衡，以求实现大学内部的有效治理。然而，美国一些学者的实证研究发现，大学内部的有效治理并不是简单的线性关系，权力要素等结构因素的重建并不能完全确保治理的有效性发挥，还须探究新的治理因素，寻求“硬治理”之外的治理路径。

在组织行为学领域，沟通、共享与互动是人际交往及组织交往的基本行为要求。大学内部学术权力与行政权力之间的平等对话、双向沟通、良性互动等非结构因素，在大学治理中也至关重要。正如德尔等学者所言，在共同治理模式下，大学权力主体之间互动合作的人际关系才是大学实现有效治理的根本，沟通与对话是大学内部有效治理的核心构成。因此，沟通、共享与互动正是实施大学内部权力合作与协商的关键性要素，以此为基础形成的治理模式可谓之“软治理”，它发挥着“硬治理”之外的重要作用，形成对“硬治理”的补充。从“软治理”角度协调大学内部权力关系，是一个具有很强现实意义的新研究范式。从现实层面来看，我国大学内部普遍存在行政权力泛化、学术权力弱化等权力失衡问题，距离形成沟

① 李立国. 现代大学治理形态及其变革趋势［J］. 高等教育研究，2018，39（07）：13－20.

通、共享与互动的权力关系还有很长一段路要走。因此，当务之急是明确大学内部学术权力与行政权力互动的基本取向，寻求新的治理文化。

我国现阶段多数大学是在治理控制论理念下实行的内部治理，以行政为导向的科层制特征尤为突出。一般来说，行政人的工作信念是追求约束和效率，这种理念指导下的治理行为往往带有强制性、封闭性、划一化，较少考虑到学术人在自由和平等信念下的理解和判断。也有国外专家指出的这种情况，如霍尔巴赫曾说："中国普通的行政人员，在其他国家应该是给专业领导和专业人员做辅助工作的，而在中国却常常能领导和指挥专家。"在这种体系下，学术人往往是被领导者和被指导者，缺乏甚至丧失了自己应有的学术话语权。在"传递深奥的知识，分析、批判现有的知识，并探索新的学问领域"的大学里，这种实然的单向度关系与应然的大学学术人和行政人相互依赖的关系背道而驰，大学内部治理只能处于表面迎合而内心消极抵触的貌合神离状态。由此可见，我们在现实操作层面离善治还有很大差距。我国大学当下急需展开一场大学内部治理大变革——权力互动。在这场变革中，变革的主角既有现在掌控治理权的行政人，也应该有掌握高深学问的学术人的主动参与。[①]

（2）治理结构到治理过程研究的转变。

"有效地"治理包括完善治理结构、优化治理过程两方面，使各利益相关者在大学运行中既各尽所能又合作共事。治理结构和治理过程何者为重，难有定论。结构主义认为，治理结构是基础和前提，治理结构如果失衡甚或缺失，则有效治理失去制度保障而难以实现，至少无法持续，所以完善治理结构更重要；人文主义认为，治理过程是关键和核心，治理结构的基础性作用需要经由治理过程得以充分实现，治理结构即使不完善，治理体系依然可以运行，而人际关系一旦恶化，治理失灵或失效不可避免，所以优化治理过程更重要。这两种观点各有立场，都有事实根据。就国家

① 向东春，张应强．大学共治的内源动力与价值取向——基于大学内部权力互动关系的分析［J］．高等教育研究，2017，38（10）：16－22.

层面而言，当下中国大学治理结构尚在吐故纳新之中，更多地强调治理结构的完善。具体到院校层面，不同的大学在治理结构和过程之间可能各有侧重，这也是因地制宜的体现。由于大学内外因素的共同作用，有效治理不可能一蹴而就、一成不变，也不会千校一面、如出一辙，完善治理结构、优化治理过程通常不是依次展开的线性关系，而是并行互动的非线性关系。这就需要直面现实，把握趋势，适时调整改革创新的着力点。

从理论到实践，优化治理过程，应当促进正式关系和非正式关系的协同发展。一方面加强信息公开，提高决策的透明度，广开言路，保障广大利益相关者的知情权和参与权；另一方面加强制度建设，优化决策程序，细化议事规则，严格执行规章制度，以制度和程序规范权力的运行，“透明”和“法治”相济可以为基于公共理性的充分合作提供制度保障。与此同时，让利益相关者特别是核心利益相关者拥有充分的沟通机会，有助于消除他们之间的隔阂和紧张关系，以及复杂的利益关系给决策和实施带来的负面影响，使决策成为一个广泛协商、汇聚智慧、增进共识、增强合力的过程。利益相关者之间的相互沟通有助于增进信任，提高决策透明度，减少猜疑；信任是对他人行为的预期，有了这种预期和安全感，合作才有可能，所以相互信任有助于加强合作。此外，在各种委员会、工作小组等议事和决策中，具有领导力的关键少数不论有没有领导职务，他们的参与和担当可以发挥指向、引领和推动的作用，有助于提高决策质量，提升参与者的主体意识和意义感。①

（三）一流大学内部治理体系的基本框架与改进策略

1. 大学内部治理体系的基本框架

眭依凡等在“价值－制度－行动”体系基础上形成大学内部治理体系框架要素图（图 5.2）。

---

① 顾建民. 大学内部治理创新从何处发力［J］. 探索与争鸣，2018（06）：37－39.

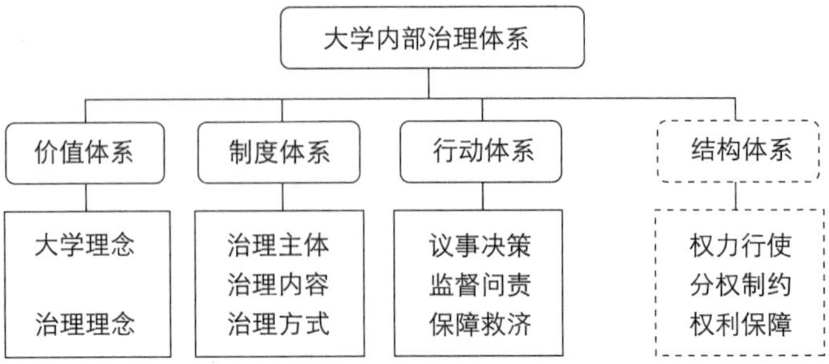

图 5.2　大学内部治理体系框架

该框架中，价值体系融合了大学理念与治理理念，既突出了对学术组织运行规律的尊重，同时也有利于形成保障治理效力的文化氛围。制度体系既是组织体系又是规则体系，包括“谁参与”（主体）、“参与什么”（内容）、“如何参与”（方式）等，侧重对内、外共治的规范设计，涵盖党政权力（党委会、校长办公会）、学术权力（学术委员会等）、师生（教职工代表大学、学生代表大学）、社会力量（董事会、理事会）等参与主体。行动体系的重点是治理方式、治理手段、行动程序等，通过权界/权重配置、机制建设（议事决策、监督问责、保障救济等）来体现不同权力主体、组织权力与个体权利的互动关系。结构体系作为治理体系的抽象本质，意在强调组织层面权力的分散制约、协同联动，特别是相关权力（如学术权力）的彰显，同时也包含个体权利（教职工、学生）的保障。①

2. 大学内部治理体系的改进策略

针对加快建设世界一流大学的迫切需要，不仅国家必须从制度供给上为切实有效推动中国特色一流大学建设创造有利于大学按一流大学办学治校育人的制度环境，而且大学自己也必须通过大学内部治理体系的理论创新实现突破。② 基于此，有效推进“双一流”建设的内部治理体系创新的

---

① 张衡，眭依凡．大学内部治理体系：现实诉求与构建思路［J］．高校教育管理，2019，13（03）：35－43.

② 眭依凡．内部治理体系创新之于“双一流”大学建设何以重要［J］．探索与争鸣，2018，344（06）：33－50.

对策如下：

（1）强调治理能力建设。

治理体系和治理能力是互为支撑的，治理体系的作用发挥有赖于能力建设，能力发挥要在治理体系的范畴之内，以治理体系为依托。这比大学制度更为全面系统一些。高校治理能力建设，既体现高校治理主体的基本价值准则、主要能力素质水平和制度建设成效，又有助于促进高校治理改革，提高治理质量和治理绩效，不断加强治理能力建设，切实把制度优势转化为治理效能。①

（2）厘清权责。

权责清单制度同样适用于高校内部权力配置及运行，有利于保障学术权力，或降低管理重心，激发学院等基层组织潜能，但需注意相关权力的交织性、互补性。笼统地倡导权力间的“边界清晰”、简单的权力“二元对立”观——如党政权力侵蚀学术权力，无益于问题的解决，重要的是要探明权力交织下的权力运行机制，如区分哪些事项“行政权力为主，学术权力为辅”，哪些事项“学术权力为主，行政权力为辅”。大学内部治理要按照权责对等原则确立权力比重，在围绕决策权配置的治理方式、手段、程序等方面下功夫。

例如在“校领导退出学术委员会”问题上，“退出”是否必然就好——相关学术决策在后期执行过程中是否利于得到行政力量的保障？学术决策如何避免“圈子利益”，如何防范“利益寡头”（大学院利益独占，小学院发展受阻），如何体现学校整体发展思路？此外，学术委员会决策中的“票决制”（多数决）是否科学？如果是彰显学术权力，那么如何体现学术性事务决策的“胜任力”“专业性”？再如纵向分权治理，学部究竟是作为实体还是虚体更为合适？治理成本及效率如何？其增加了管理层级还是削减了学院行政事务？治理重心下移、分权赋权形势下，哪些权项可以

① 李立国．大学治理的基本框架分析——兼论大学制度和大学治理的关系［J］．大学教育科学，2018，169（03）：66－72.

下放？下放比例应为多少？各个学院是统一步调，还是基于相关学院治理能力实行差异化分权？总体而言，高校协商共治的制度化水平尚待大力提升，制度体系完善还有很长的路要走。①

（3）完善院系治理结构，需要发挥广大师生员工的作用。

大学院系除了学术事务以外，还有许多行政事务和事关教职工切身利益的事务，如何保障广大教师在院系治理中的民主参与和民主监督权利需要很好的研究，并做出制度性安排和组织实施。院系是基本的教学科研单位，大学生是院系治理的重要利益相关者，他们的权益需要得到维护，他们的权利需要得到尊重。因此，听取学生的意见，吸收他们参与院系治理是完善院系治理的重要内容。②

二、制定中国特色世界一流大学的人才战略

大学内部治理与人才战略密不可分。制度与人是加快一流大学建设的关键要素。大学内部治理与人才战略虽然是两个问题，但对于实现“双一流”建设的目标而言，又是密切联系、互为依存、不可或缺的两个要素。大学内部治理结构影响着人才机制及其作用的发挥。科学合理的内部治理结构是吸引人才、用好人才的制度环境，也是人才队伍可持续发展的组织保证。同时，制度是由人建立和执行的，离开人的因素，便无从谈起合理有效的治理结构；在人才缺位情况下，也无法构建和运作合理有效的治理结构。事实上，人事和人才体制机制也是大学内部治理结构的核心内容。没有吸引人才、激励人才的用人机制，不能说是好的治理结构。而大学用人制度又与制度环境、文化背景密切相关。从国际上看，各国大学人事和人才体制机制各有千秋。如有些国家赋予大学教师公务员身份，而在有些

---

① 张衡，眭依凡．大学内部治理体系：现实诉求与构建思路［J］．高校教育管理，2019，13（03）：35－43.

② 张德祥．我国大学治理中的若干关系［J］．高等教育研究，2018，39（07）：1－8.

国家则为大学雇员；有些国家采取长聘制度，有些国家采取合同聘用制度，还有些国家兼有长聘和合同两种制度。背景不同，做法各异。从总体上认识理解其内在联系，有利于把握大学内部治理结构中带有规律性的事物。

人才战略是实现“双一流”建设目标的关键。早在20世纪前半叶，清华大学梅贻琦校长“所谓大学，乃大师之谓也，非大楼之谓也”的名言，就道出了大学组织高端人才密集的显著特征和办学的普遍规律。“双一流”建设说到底就是要保证足够的投入、营造良好的学术氛围、吸引一流人才，并使他们充分发挥自己的潜能，在教学、科研、社会服务、文化传承创新等方面达到卓越境界。在THE、QS和ARWU等世界大学排名指标体系中，教师人才的指标无一例外地占到较大权重。QS世界大学排名中，师生比占到20%，综合反映大学教师水平的指标合计占到60%。[①]

（一）一流大学人才战略的宏观分析

人力资源的发展水平已成为决定一个国家或地区竞争力的关键因素。《国家中长期人才发展规划纲要（2010—2020年）》指出“人才是我国经济社会发展的第一资源”。组织的人才发展水平尤其是战略人才发展水平，影响着组织的核心竞争力发展。人才是高等教育事业发展的核心。国内一流大学对其他大学的发展起到了引领和示范作用。加强对国内一流大学的评估工作不仅便于社会对高校的认识，也有益于高校自身的建设。首先，引入制度建设指标，能够完善高校评估体系。合理、规范的制度是高校吸引、留住、用好人才的基础，是高校开展教育教学工作的保障，将制度引入评价指标，促进制度的完善和发展，为人才提供合宜的发展环境。其次，立足高校实际情况，正确认识高校综合性发展和特色化发展道路的适用性。指数在评估特色突出、学科优势雄厚的高校方面具有独特的贡献，综合性并不是高校唯一的发展方向，应从学校的实际出发，找到比较优势，以特

---

① 管培俊．一流大学建设的两个关键要素：制度与人［J］．中国高教研究，2018（05）：4－9.

色强化优势，促进优势和特色学科紧密结合、互促共进，带动学科整体提升。最后，完善学术评价和人才评价机制，设计多元的职业发展通道。在战略人才发展制度建设中，应摒弃形式主义的评审和重数量、轻质量的评价标准，积极探索科学合理的评估体系，建立和完善以能力为导向的评价机制。① 表5.1为部分国内一流大学战略人才发展指数排名。

表5.1 国内一流大学战略人才发展指数排名

排名	学校	战略人才存量得分	战略人才发展制度得分	战略人才发展指数
1	清华大学	80.00	20.00	100.00
2	北京大学	67.22	16.13	83.35
3	上海交通大学	38.72	18.39	57.11
4	南京大学	35.67	20.00	55.67
5	浙江大学	32.13	18.39	50.51
6	复旦大学	29.38	17.74	47.12
7	中国科学技术大学	23.58	19.68	43.26
8	哈尔滨工业大学	18.63	18.71	37.34
9	天津大学	17.12	19.35	36.48
10	西安交通大学	19.13	18.06	35.72
11	武汉大学	17.66	16.13	35.26
12	中南大学	16.25	18.06	34.31
13	中国农业大学	13.91	19.35	33.26
14	华中科技大学	16.25	16.13	32.38
15	北京航空航天大学	15.30	16.77	32.08
16	四川大学	14.71	17.10	31.80
17	同济大学	13.07	18.39	31.46
18	南开大学	12.52	18.71	31.23
19	中山大学	13.26	18.39	30.18

① 柯江林，姚兰芳，王建民．国内一流大学战略人才发展指数构建与检验［J］．中国高教研究，2016（06）：80－86.

续表

排名	学校	战略人才存量得分	战略人才发展制度得分	战略人才发展指数
20	厦门大学	13.69	18.06	30.14
21	北京师范大学	12.07	16.77	30.03
22	吉林大学	11.79	16.13	29.82
23	大连理工大学	11.12	18.06	29.19
24	山东大学	9.55	18.71	28.25
25	东南大学	9.45	18.06	27.52
26	西北工业大学	8.10	18.06	26.16
27	电子科技大学	7.84	19.35	26.02
28	中国人民大学	8.56	18.06	25.90
29	中国矿业大学	6.67	16.77	25.34
30	中国海洋大学	5.94	19.03	24.97
31	华东师范大学	6.65	18.06	24.71
32	北京理工大学	7.58	16.77	24.35
33	湖南大学	7.28	16.77	23.55
34	华南理工大学	6.78	16.13	23.41
35	东北大学	8.00	16.77	23.18
36	兰州大学	6.41	14.84	22.84
37	重庆大学	5.87	15.81	21.67
38	北京中医药大学	1.24	18.39	19.63
39	北京林业大学	2.47	15.81	18.28
40	中央民族大学	0.52	17.74	18.26
41	西北农林科技大学	0.93	17.10	18.03
—	国防科学技术大学	6.95	—	—

当前，各大高校都极其重视学术人才的引进，也纷纷结合自身特点，探索不同的学术人才培养模式，力求做到人才队伍建设的引进和培养并重。

（二）一流大学教师队伍的建设现状

1. 影响高校教师去留的主要因素

（1）教师薪酬。

一方面是拥有人才头衔的教师通过溢价性流动享有较高的薪酬，另一方面是没有人才头衔的教师平均薪酬过低。现有人事制度将人才头衔、论文、项目、获奖等一系列有显示度的指标“商品化”，以更灵活的薪酬政策来汇聚符合现行高校评价体系的所谓“人才”，同时受限于事业单位的工资制度和财政拨款，总体上我国大学教师的平均收入相对较低。在现有体制下，高校教师薪酬体制的不合理，严重影响学术事业的长远发展，也加剧了高校高层次人才的非正常流动。一方面人才工作的计划性导致只有凭人才“头衔”才可获得高薪，从而使高校教师科学研究的动力被引向了申报各种人才计划，为了尽快发表以入选各种人才计划，科学工作的完整性被打破，短期性、功利性研究占主导；另一方面普遍较低的薪酬使得学术职业很难吸引到真正的精英人才。“由于大学提供了较低的薪资（同全球学术市场和本国的劳动力市场的情况相比，缺乏竞争力），因此它们只吸引到了三种人群。第一种学者出于对学术生活的喜爱可以牺牲自己对物质的追求。不可否认这样的人确实存在，但他们的数量不足以支撑起一所高质量的大学。任何情况下，仅依靠个人意愿做出妥协的政策对于任何一所大学来讲，都是不切实际的。第二种进入这种低薪的学者往往自尊心不高，由于他们的专业水平、成果和才智有限，可能在其他领域没有什么竞争力，他们对‘学术薪酬’也并不太在意。第三种学者对‘学术薪酬’并不感兴趣，但他们的目标是通过提高自己的学术地位来谋求个人收入的最大化。这种情况下，学术人员会无所顾忌地忽略大学及其学生的利益，甚至对他们来讲，违反条例都是很正常的。这预示着腐败的出现和个人责任感的缺失。”当前正在推进的“双一流”建设若要实现既定的战略目标，必须完善高校人才政策和教师薪酬政策，真正做到“不得简单以‘学术头衔’

‘人才头衔’确定薪酬待遇、配置学术资源”，将能力而非符号作为学术劳动力市场最核心的准则，使高薪者的待遇与其学术贡献相匹配而不是与人才头衔挂钩，同时还要“提供足以与劳动力市场中其他具有创造力的职业相抗衡的薪酬（包括薪资和额外的福利）”以吸引更多优秀人才选择学术职业。毕竟，在未来的知识社会中，大学不但要与高等教育机构竞争优秀人才，还要与其他非高等教育机构竞争优秀人才。我们面对的更严峻的挑战可能不只是优秀人才从一所高校流向另一所高校的问题，而是从学术系统流向非学术系统的问题。①

（2）工作满意度。

研究发现，教师流动意向的产生是一个系统过程，教师对工作环境的感知影响教师对工作是否满意的总体评价，而教师的工作满意度又进一步影响教师流动意向的产生。虽然教师对劳动力市场中外部工作机会的感知也会影响其工作流动意向，但该作用不会影响教师对现有工作的满意度。通俗地讲，相比工资待遇，工作满意度更能决定教师的去留。

当然，不同个体特征（性别、年龄、婚姻状况、学历、工龄等）的教师对工作环境的感知可能不同，对工作满意度的评价可能不同。分析显示，拥有博士学位的教师、校龄长的教师能感受到更好的工作环境，这与我们的直观感受相符。高校教师职业是人力资本密集行业，成员受教育水平很高，拥有博士学位的教师为从事该职业做了多年的准备，对工作环境更为适应；同样，校龄长的教师对所在高校的工作环境也更加适应。已婚的教师对工作环境感知评价低，这可能是因为已婚教师比较关心的工作－家庭平衡并没有在高校工作环境中体现出来。此外，女性教师和年龄增长分别对工作流动意向有显著负影响。

高级职称对教师的工作满意度和工作流动意向有显著正影响，这也容易理解，拥有高级职称的教师对所在高校积累的人力资本、社会资本

---

① 王建华．我国高校高层次人才非正常流动的反思［J］．江苏高教，2018（02）：1－5.

比初、中级职称的教师多，对所在高校更为满意，可以理解为其在积累行业人力资本、社会资本的过程中，也同样增加了其在原高校工作的机会成本。

（3）学术工作条件。

包括教学和科研在内的学术工作是高校教师的本职工作，是高校组织的技术核心。为学术工作提供充足的资金、时间、氛围等方面的支持，是影响教师工作满意度的重要因素。此外，学生是教师教学方面的工作对象，在某些时候也是教师科研工作的合作者，从一定意义上说，学生质量也构成教师所面临学术工作条件的一方面。

（4）技术支持服务。

技术支持服务既包括互联网、图书馆、实验室、设备、办公室、教室等硬件支持，也包括秘书、助教、助研等人员支持。大多数高校教师不喜欢烦琐的事务性工作，因此为高校教师提供足够的技术支持服务影响教师对高校工作环境的感知，也影响教师对其工作的满意度。

（5）管理与沟通。

组织中的行政管理有润滑剂作用，目的是使组织成员间的沟通更顺畅，推动组织目标的实现。高校组织中，行政与学术之间是否具有良好的关系、行政是否支持教学科研活动、组织沟通是否顺畅、管理过程是否烦琐、管理风格是否民主等，都属于教师能感知到的工作环境。

数据分析的结果显示：技术支持服务方面（包括高校网络通信、实验室、图书馆等硬件设施和秘书服务、教学科研辅助人员等人员支持），是教师感知的工作环境中重要性相对低的方面，而高校的目标与领导（包括组织使命、目标清晰明确、最高领导胜任等）、学术工作条件（包括科研经费、学术休假、学术共同体感受等）以及行政管理及与学术系统的沟通（包括管理专业化程度、管理流程等），则是教师感知到的工作环境中更重要的方面。这意味着我国高校工作环境在技术服务支持方面（特别是硬件设施上）已经有了较好的基础，而组织目标与领导、学术工作条件以及行政管理方面的支持，还有较大的改善空间。①

2. 新时代教师队伍建设的改革现状

（1）全面深化新时代教师队伍建设改革的重要性。

中国高等教育发展进入新阶段。“高等教育总体实力达到中上等水平”。但正如习近平总书记所说，“当前我国高等教育办学规模和年毕业人数已居世界首位，但规模扩张并不意味着质量和效益增长，走内涵式发展道路是我国高等教育发展的必由之路”。“双一流”建设和高等教育内涵式发展是复杂的系统工程。钱是必要条件，没有钱是万万不能的，但钱是永远不够的，钱要用好也是需要有保障条件的，是“双一流”建设和高等教育内涵发展的根本保障、核心要素是制度与人，就像“车之两轮、鸟之两翼”。高校教师队伍建设无疑取得了显著成效。优秀人才和教师团队快速成长发展。但总体上高校教师资源配置是否达到了中上水平？师资质量是否达到了中上水平？用人机制是否达到了中上水平？面对新时代的要求和现实状况，我们无法回避教师人才队伍建设仍然存在的“不均衡、不充分、不适应”的问题，以及体制机制不顺、支持不够、吸引力不够，素质能力不够等问题。最需要关注的是，一些地方在工作的指导思想上，仍然是急功近利、见物不见人，教师队伍建设的紧迫性不够。实施创新驱动发展战略和“双一流”建设对高素质教师队伍的需求更加迫切。实现“公平而有质量的教育”，是人民美好生活需要的基础前提，也更加突显了教师队伍建设作为关键要素的战略意义。2018 年 5 月 2 日，习近平在北京大学师生座谈会上的讲话进一步从优秀人才培养和信息化引起的教与学的革命性变化两个方面，强调了对教师队伍能力水平的两个“新的更高的要求”。“人才培养，关键在教师。教师队伍素质直接决定着大学办学能力和水平”。而教师队伍建设的关键又在体制机制。有没有一个好的治理结构，直接关系到我们的大学能不能形成近悦远来的吸引力和百舸争流的学术氛围，能不能

---

① 由由．什么在影响高校教师的去留［N］．光明日报，2016－08－02（013）．

形成追求卓越的办学格局和实现“双一流”目标的核心竞争力。所以，《双一流建设总体方案》五项建设任务，第一项就是“建设一流师资队伍。深入实施人才强校战略”；党的十九大之后，中央第一个教育文件就是《关于全面深化新时代教师队伍建设改革的意见》；关于高教部分的第一句话就是“深化高校教师人事制度改革”。北大综合改革是“以队伍建设为核心，以体制建设创新为动力，以交叉学科为重点，以院系建设为基础”。清华大学的改革是“以人事制度改革为重点的综合改革”。建设“双一流”，师资人才仍然是短板，用人机制仍然是瓶颈。“体制机制障碍躲不开，绕不过”。实施“双一流”建设人才强校战略迫在眉睫，全面深化教师人事和人才制度创新迫在眉睫。不能只有建设“双一流”的紧迫性，没有人才建设和制度创新的紧迫性。甚至可以说，推进“双一流”建设的成效和高等教育内涵发展水平，很大程度上将取决于教师人事制度改革的进程。

全面深化新时代教师队伍制度改革，不仅迫在眉睫，而且也越来越具备现实可能。特别是社会保障制度改革的全面推进，为全面深化新时代教师队伍改革创造了制度和政策环境。《国家中长期教育改革和发展规划纲要（2010—2020年）》发布以来，北京大学、清华大学等高校的综合改革试点探索积累了宝贵经验。我们有充分的理由加快改革、攻坚克难，而没有一条理由可以绕道而行。[①]

（2）高校要加强人才队伍建设必须深化人事制度改革。

21世纪是社会经济快速发展、世界发生重大变革的知识经济时代，人才是第一生产力，是推动社会发展的主要原动力，人才资源能否得到充分利用对于社会发展会产生很大的影响。人才资源能否被有效开发主要受自然环境和社会制度的影响，我国的高等院校是我国人才的聚居地，所以高校要加强人才队伍建设必须深化人事制度改革。改革开放以来，我国开始实施社会主义市场经济，发展至今取得了巨大的成功，这主要取决于改革

① 管培俊. 建设高素质教师队伍关键在深化改革［J］. 中国高等教育，2018，608（11）：8－10.

开放后我国引入了顺应社会发展趋势的竞争机制和科学的运行机制。高等院校在发展过程中，能否调动教师的工作积极性和创造性，对于高校教育事业的发展至关重要，所以高校需要建立有效的竞争机制，为教师提供良好的发展环境，这是建设高素质人才队伍的前提条件。但是从目前来看，我国高校的人事制度和分配制度明显适应不了新时代的发展要求，虽然很多高校都进行了一些人事制度的改革，但是人事制度改革的核心问题始终没有得到根本的解决，对于高校的发展和高校人才队伍的建设都造成了很大的影响。我国高校现行人事制度的缺陷主要在于：一是高等院校的职称评审和教师聘任是高校人才制度的核心部分，但是我国高校的职称评定和岗位设置及聘任方面存在诸多矛盾。例如：部分教师的职称职务与他们的岗位需求相脱节；有的教师因为岗位设置的限制，水平具备了却无法参加职称评定：还有就是部分高校缺乏严格的教师岗位考核机制，很多教师在评上职称之后，便可以终身得到这个职称并占据相应的岗位，这导致教师产生很大的惰性，高等院校职称评审的有效性不能够发挥出来，对学校的发展造成很大的阻碍。二是我国多数高校的分配制度不能与时俱进，满足不了高校的发展需求，很多学校对于教师待遇都是按照教师的职称来制定的，高校缺乏对教师贡献大小的考核，一些优秀的教学人才很难在这样的制度下脱颖而出。上述两方面的原因，导致我国高等院校的人事制度和分配制度的激励作用不能够充分发挥出来，对高校的健康发展造成了不利影响。所以高校要想加强人才队伍建设，必须深化高校的人事制度改革，优化高校的用人制度、分配制度和保障制度，这样才能够有效调动教师工作的积极性和创造性，使高校优秀的教师资源得到充分的利用，促进高校人才队伍建设的顺利进行。我国高校要在学校全面实施人才聘任制度，激活学校的用人制度，使高校教师的能力、岗位和薪酬挂钩，建设完善的岗位分配机制和激励机制，促进高等院校人才队伍的壮大。①

---

① 陈凯．新时代高校人事制度改革与人才队伍建设的思考［J］．人才资源开发，2018（4）：57－58.

（3）“双一流”建设背景下高校人事制度的改革走向。

随着高等教育的发展，我国高等教育面临的矛盾和问题也越来越突出。为了更好地适应经济社会发展和现代化进程，解决国内高校发展中的问题，培育高水平的高校和学科，国家实施“双一流”建设。在“双一流”建设的背景下，国家将更加注重高校人才队伍建设，更强调教师的学术主体地位，进一步注重市场化改革方向。总之，“双一流”高校建设背景下，高校人事制度将会面临新的变化。

政府放权与高校自主并存。在“双一流”建设背景下，高校发展需要进一步激发内在活力，打破体制机制障碍。当前高校人事管理仍然存在着严重的行政化倾向，亟待改革。“双一流”高校的建设要求学校能够独立自主地开展学术研究活动，不断提高知识创造能力和创新能力。这在很大程度上就决定了政府需要继续在高等教育领域放权，推进高校市场化改革，使高校能够心无旁骛，不受行政事务的纷扰，独立自主地开展教研活动。另一个方面，政府放权给高校，需要从高校的人员编制入手，打破事业编制的藩篱，增强高校的自主权，引入竞争机制，不断提高高校员工的积极性。

竞争与多元共在。政府放权不仅意味着高校将逐渐摆脱政府的过多干预，同时高校也将彻底改变依赖政府的被动发展，通过正当竞争获取教育资源和人力资本，实现自主发展。日益市场化和社会化的高校也将更加地自由开放，在积极寻求自身发展、参与竞争时，还必须自觉地接受社会各界的监督与质询，招聘公开，过程公开，管理公开，绩效公开，高校人事制度才会更加公平。

激励与活力并存。人才队伍建设是高校发展的关键因素，如何选贤任能，量才适用，实现优胜劣汰，各尽其才，是摆在高校人事制度改革面前的一道难题。“双一流”高校的建设要求高校教师能够充分地发挥积极主动性，更加注重教师队伍素养的提升。因此，高校必须建立完善合理的绩效考核机制，建立科学的考核指标体系和奖惩机制，最大限度地激发高校员工的工作积极性和主动性。[①]

（4）“双一流”建设背景下的高校综合改革。

推进教师人事制度改革，实施教师分类管理与“预聘－长聘”制度。现代大学已经发展成为一个多目标、多任务的大型组织，成为一个人员众多、专业构成广泛、结构复杂的组织体系。教师是大学发展的核心，应用人力资源理念而非传统的人事管理观念来认识教师队伍建设和人事制度改革，合理规划教师队伍布局，改革岗位聘任和薪酬体系，通过制度设计激励那些形成竞争优势的教师行为，最大限度地实现教师人力资源保值和增值。

在现代大学体系中，只有少量的研究型大学具备相对完整的教学、科研、社会服务三项职能，而大多数的教学型高校及其他类型高校则只具备单一的人才培养职责，履行教学任务。与此对应，高校教师也形成了新的劳动分工模式，即不是所有的教师都承担着教学、科研和社会服务三项工作，而是只有少数的教师从事这三项工作，特别是科研工作，而大多数教师则从事教学工作。我国高校在对教师的考核要求中，都列举了教学、科研、服务三项工作，并且评价与晋升职称主要就是看科研成果，这是不合理的。一般高校并不具备做原始创新研究的条件，要求教师都要承担科研课题、发表论文是不合理的，其结果就是教师重复撰写低水平论文。同样，我国的自然科学基金、社会科学基金及其他基金项目应该主要由研究型大学的教师承担，教学资源、教学条件等可以向一般高校倾斜，但是科研项目、研究经费却不应该搞倾斜制度，应以研究能力、研究水准为条件进行评审。如浙江大学决定实施教师岗位分类管理，把教师岗位分为“教学科研并重岗”“研究为主岗”“教学为主岗”“社会服务与技术推广岗”和“团队科研/教学岗”。对不同岗位的教师提出不同的工作岗位要求，实行不同的考核评价方式。改革方案的最初设想是：各学院内大约30%的教师

---

① 李映辉，张凤．双一流高校建设背景下高校人事制度改革的走向与发展路径［J］．才智，2018（23）：92.

将被“分流”到社会服务类岗位，告别学生和学术。再如长安大学修订教师职务评审办法，将教师高级职务分为“教学为主型”“教学科研并重型”和“科研为主型”三种类型，评审条件按类型单列，改革成果认定、评审要求，优化学科评委组成，初步建立了以创新和质量为导向的教师学术评价分类考核体系。在我国现实条件下，这种分类岗位虽然有些个别问题需要商榷，但总体上符合高等教育的发展趋势和建立高水平一流大学的发展要求。

北大、清华建立教师队伍分系列管理改革，分为教学科研系列、教学系列和科研系列，实行岗位分类管理、建立分类评价体系，制定薪酬分类制度，符合现代大学教师队伍发展趋势。通过分系列管理和分类聘任制度，有助于进一步激活各类人才潜力并发挥其效力。为了建设一支具有国际竞争力的高水平师资队伍，北大、清华实施了“预聘－长聘”制度。国际上存在美国高校教师“长聘制度”和欧洲大学教师“梯队制”这两种类型（这两种类型不是对应关系，不宜并列提及）的师资队伍建设模式，虽然“梯队制”有利于发挥资深教授的核心作用，但它不利于青年教师的脱颖而出，不利于青年教师在最具有创造力的年龄充分发挥其潜力和聪明才智。而长聘制就是要求预聘教师在经历五六年的考核期后才能成为长聘教师。预聘阶段压力很大，这是在学术潜力最佳年龄段给予较大压力，促使青年教师发挥其最大潜能。经过预聘考核留下来的长聘教师的学术水准和研究能力应该是比较优秀的，其以后从事学术研究也具有较为宽松的环境，有利于开展周期较长、创造性较强的工作。当然，用5～6年的时间来考察教师水平，决定是否由预聘转为长聘，对于部分基础学科是不妥的，需要考虑特殊性。转入长聘阶段的评价标准和评价体系如何制定，如何保证公平和公正；对于长聘教师的考核和评估、“新人”和“老人”的区别对待等复杂问题都需要完善的、既科学严谨又具有人文关怀的制度设计。①

① 李立国．一流大学建设视野下的高校综合改革［J］．国家教育行政学院学报，2016（02）：3－9.

3. 高层次人才引进与培养现状

《教育规划纲要》和《国家中长期人才发展规划纲要（2010—2020年）》提出一系列促进高校人才战略的重要政策和重大举措。2014年，北京大学、清华大学以及上海市“两校一市”教育综合改革，以制度创新推进人才强校战略。人才强校战略为高等教育跨越式发展提供了有力支撑。

（1）高层次人才的基本内涵。

2010年颁布的《国家中长期人才发展规划纲要（2010—2020年）》提出：人才是指具有一定的专业知识或专门技能，进行创造性劳动并对社会作出贡献的人，是人力资源中能力和素质较高的劳动者。人才是我国经济社会发展的第一资源。高层次人才在人才金字塔结构中居于最高端，其具有稀缺性、类别性、相对性和动态性。目前，国内大学在人才引进实践中对“高层次人才”的内涵与指向已达成较为一致的看法。我国大学认定高层次人才的主要标准大致分为以下几点：一是拥有国家最高学术称号的个人，如两院院士；二是获得国家部委专项高层次人才计划支持者，以及国家重点研发计划等课题负责人、教育部哲学社会科学研究重大攻关项目首席专家等也被视为高层次人才；三是国内公认的重大奖项获奖者，如国家自然科学奖、技术发明奖、科技进步奖获得者、高等学校科学研究优秀成果奖获得者、国家级教学成果奖一等奖获得者等。国内绝大部分大学主要引进上述三类人才，还有少数大学具有国际视野，其高层次人才政策特别指向他国最高学术称号获得者、国际顶尖奖项或国际公认著名奖项获得者，例如诺贝尔奖、菲尔兹奖获得者，又如沃尔夫奖、邵逸夫奖、阿贝尔奖、肖邦奖获得者等。

（2）高层次人才队伍建设现状。

高层次人才总量较少。高层次人才紧缺，是制约我国创一流大学、建一流学科的主要问题。相关调查资料显示，在我国现阶段的人力资源市场当中，人才资源只有我国人力资源总量的5.6%左右，其中高层次人才仅占人才资源总数的5.4%左右。近年来，受科技产业发展与教育普及相关政策影响，我国高校专业发展迅速，各高校之间对高层次人才的竞争日益激烈，如何引进与培养高层次人才，建设优秀的师资队伍，是我国高校实现创一流大学、建一流学科应解决的首要问题。

高层次人才老龄化现象严重。我国高校现有高层次人才的老龄化现象严重，据统计，目前我国享受国家津贴的专家学者共有 14 万人次左右，其中高校在职人员不到 4 万，多数高校高层次人才均已退休。高校高层次人才队伍老龄化，不仅制约了高校高层次人才队伍的建设，同时也对我国科技事业的创新发展造成影响。

高层次人才的流动性较大。高层次人才是我国稀缺的人力资源，不仅高校学科建设与人才培养需要大量高层次人才的加入，社会企业在日益激烈的市场竞争当中想要提升核心竞争力，同样也需要一批具有创新意识、专业造诣较深、科研能力较强的高层次人才加盟。随着高层次人才择业观的改变，高层次人才在追求自身发展的同时，对工作环境、薪资待遇的要求更高，当现阶段工作难以满足自身需求时，多数高层次人才会选择另谋发展。

（3）高层次人才引进与培养的重要性。

加快高层次人才引进与培养是科技创新发展的需要。国家综合实力的提升依赖于科技创新能力，高校作为我国科技创新体系的重要组成部分，其科技创新能力与我国科技创新发展息息相关。高校科技创新主要取决于高校人才储备，高层次人才是我国高校人力资源的重要组成部分。加快我国高校高层次人才的引进与培养，对我国科技创新发展意义重大，同时也是实现创一流大学、建一流学科的必经之路。

加快高层次人才引进与培养是提高人才培养质量的关键。培养现代化人才是高校发展的根本任务，也是实现创一流大学、建一流学科发展的前提。高校高层次人才科研、教学经验丰富，专业理论知识基础扎实，对相关专业的市场发展走势洞察力强，同时对高校教育改革制度相关政策具有深刻的见解，能将学生作为教学主体，从学生角度出发考虑学生发展问题，并能通过自身的人格魅力去感染学生，因此想要提高高校教学质量，加快高层次人才的引进与培养是关键。[①]

（三）一流大学人才战略的实践路径

1. 建设一流师资队伍

《双一流建设总体方案》五项建设任务的第一项，就是“建设一流师资队伍。深入实施人才强校战略”。党的十九大对于人才强国战略进行了新定位、提出了新要求。习近平总书记强调，要采取“更加积极、更加开放、更加有效的人才政策”，“聚天下英才而用之，加快建设人才强国”。党的十九大之后，中央深改领导小组第一次会议讨论决定的就是《深化新时代教师队伍建设改革意见》。如何在国家战略和学校层面将“三个更加”的要求落到实处，是深化新时代教师队伍建设改革的重大课题，也正是“双一流”建设的关键所在。

中国高等教育发展已进入新阶段。“高等教育总体实力达到中上等水平”，但是“不均衡、不充分”的问题同样存在，中国高校教师队伍建设无疑取得了显著成效，但高校师资资源的配置是否达到了中上水平？师资质量是否达到了中上水平？用人制度是否达到了中上水平？我们必须认识到，人才队伍建设与高等教育的总体发展还不相适应。建设一流大学和一流学科，师资人才仍然是短板，用人机制是制约瓶颈，“体制机制障碍躲不开，绕不过”。在激烈的国际竞争，我国由跟跑，进入并跑、领跑阶段，人才的不可替代性更强，实施创新驱动发展战略和“双一流”建设对高层次创造性人才的要求更加迫切。全面深化教师人事人才制度创新迫在眉睫，实施“双一流”建设人才强校战略迫在眉睫。

（1）在国家、高等教育系统和学校三个层面，实现政策整合、形成合力。

---

① 邹艳辉. 加快高层次人才培养助力“双一流”建设［J］. 中国高校科技，2016（4）：52－53.

国家层面的重点是推进制度创新，加强政策统筹整合，加大政府支持力度，形成强有力的国家战略。在全球人才竞争中，国家战略无处不在。我们要从国际和国内两个维度，研究把握发达国家和世界一流大学人才战略的新动向，认识和把握建设一流大学的使命对人才战略的新要求和新挑战。充分发挥制度优势，集中力量办大事，增强我国大学人才队伍的核心竞争力。要进一步梳理整合国家层面人才政策和重大计划项目，推动实施“三个更加”的人才政策，向高校放权，为人才松绑，激发人才活力。进一步研究国家层面支持高校人才发展的重大政策举措，特别是引进拔尖人才、促进教师合理流动、薪酬、社会保障制度等特殊政策。教师队伍国际化是一流大学的重要标志。要研究实施对引进高层次外籍人才“网开一面”的特殊政策和行动方案，努力提高教师队伍的国际化程度。

高等教育系统层面重点加强政策引导。高等教育系统要找准国家政策与高校人才建设的结合点，充分利用人才政策红利。把握“双一流”建设高校人才成长和队伍建设的规律，进一步研究破解高校人才战略面临的诸多困难和问题；研究总结高校人事人才体制机制改革经验，探索实施有利于吸引人才、用好人才的治理结构，实行以增加知识价值为导向的人事分配政策；研究建立科学合理的高校人才流动机制。

学校层面进一步聚焦改革。人才强校战略，源头在政策，根基在学校。吸引优秀人才，优厚待遇和物质支持很重要，有利于干事创业的平台和环境氛围更重要。要加大人才引进力度，通过重大人才项目，依托高校重点学科、基地，引进和培养学科领军人物和学术英才，集聚和培养具有国际影响力的高层次人才和勇于开拓的高水平创新团队。创新教学科研组织方式。创新教师用人制度，推行分类管理，强化激励机制。形成中青年教师可持续发展、健康成长和脱颖而出的制度环境。

（2）实施非均衡战略，广为延揽海外优秀人才。

实施更积极、更开放、更有效的海外人才引进政策。围绕“双一流”建设目标，突出“高精尖缺”导向。加快培养和重点引进活跃在国际学术前沿的一流科学家、学科领军人物和创新团队，不拘一格集聚优秀人才。开辟专门渠道，精准引进国家急需紧缺的特殊人才。实施多元化、柔性人才引进机制，吸引海外人才。创新海外高层次人才组织和管理模式。建议试行外籍院长和副校级领导岗位聘任制。吸引海外人才一举三得：一是引进领军人物，将学科带进国际前沿水平；二是做大人才增量，避免在国内争夺切分存量；三是尽快提高我国教师的国际化程度，培养造就具有国际竞争力的高层次人才队伍。

（3）在关键环节实现突破。

在全面落实教育部等五部门联合印发的《关于深化高等教育领域简政放权、放管结合、优化服务改革的若干意见》基础上，建议从中央部委所属高校开始，建立高校人事改革试验区。试行突破“人员总量、岗位总量、工资总额总量”“三个总量”的管理方式，实行编制、岗位、薪酬总量“备案管理”，全面赋予高校用人自主权。同时加强有效监管。推进步骤可以积极稳妥，由点到面。借鉴北京大学和清华大学的改革经验，推行教师长聘和预聘制。形成有竞争力的用人机制，促进高素质专业化创新型的高校人才队伍，为一流大学的建设提供强有力的支持。①

（4）改革高校教师考核评价制度。

形成体现正确导向的科学合理的考核评价机制，根本出路是在分类管理基础上的分类考核。制定分类评价指标体系。加强师德考核，克服重业务、轻师德的倾向；突出教育教学业绩，将教授为本科生上课作为基本制度，克服重科研、轻教学的倾向；实行论文“代表作”制度，克服质量放水或唯论文的倾向；实行同行评价，引入“第三方”评审，克服不公平现象。通过科学合理的评价与激励机制，引导教师坚持教书和育人相统一，坚持言传和身教相统一，坚持潜心问道和关注社会相统一，坚持学术自由和学术规范相统一。严格的考核管理制度，也是规范教师校外兼职的关键

---

① 管培俊．一流大学建设的两个关键要素：制度与人［J］．中国高教研究，2018，297（05）：8－13.

举措，并有利于规范高层次人才合理有序流动。

（5）强化高校教师激励机制。

教师有更多的成就感、幸福感、安全感，才会有更多的荣誉感、责任感。工作条件、物质待遇和精神激励辩证统一。要创新薪酬分配方式，强化高校激励机制。高校教师待遇显著改善，但薪酬激励仍需高度关注。一是结构性问题。目前，高校过度多元化的工资结构，弱化了薪酬分配的激励功能。因为“人们获得报酬的方式影响着工作行为，进而影响着一个组织能够取得成功”。二是薪酬水平。教师待遇存在二律背反的现象（纵向比与横向比感觉不同；总体水平与区域院校间存在差距；社会舆论与大学自身感觉不同）。因为社会的参照系是一般劳动力市场，大学的参照系是国际学术劳动力市场和高新技术行业。薪酬改革，首先要由高校自主确定收入分配。要体现增加知识价值的政策导向，整体提高高校薪酬水平；实行年薪制，项目工资等多样化的分配方式，形成有竞争力的大学薪酬分配体系；调整薪酬结构，增强工资收入激励功能。规范管理教师兼职。对于高校教师适度兼职兼薪或离岗创业、以及科技成果转化奖励等，要结合学校实际，制定具体可行的办法。关心解决高校青年教师工资、住房等实际困难。相应调整高等教育投资结构，增加人员经费比重，改变长期以来我国高校薪酬占比过低的状况。①

2. 优化高校高层次人才引进

稳步增加本土青年人才项目的数量和支持力度。目前国家各类人才项目支持的本土青年人才人数，低于海外引进的青年人数。随着国内科研水平的迅速提高，本土人才培养水平也将不断上升，本土青年人才项目的数量应该随之同步增加，各种青年项目支持力度不宜差别过大。各种青年人才项目评选应加强统筹协调，本土人才与海外引才项目一视同仁，应重真才实学与质量贡献，逐步减少海内外人才选拔标准和待遇的差距，创造更

---

① 管培俊. 建设高素质教师队伍关键在深化改革［J］. 中国高等教育，2018，608（11）：8－10.

加公平、公正的环境，激励各类人才成长。

建立客观公平的人才评价标准和公允程序。真正实现本土人才与海外人才待遇一视同仁。这种公允评价应该从人才的专业性、创新性和履责绩效、创新成果、实际贡献等方面考虑。合理设置和使用论文、专著、影响因子等评价指标，对创新和创业、自然科学与社会科学等实行差别化评价，鼓励人才在不同领域、不同岗位做出卓越贡献。形成导向明确、精准科学、规范有序、竞争择优的科学化、社会化、市场化人才评价机制。[①]

以学术的标准评价学术。淡化人才头衔的“光环效应”。当前在学术管理资本主义的逻辑下，“头衔至上”导致部分教授的薪酬水涨船高，学术本身的地位却一落千丈。“头衔至上”的思想还渗入大学学术评价中，高水平人才头衔被直接等同于有高水平的学术成果，其结果是，众多大学鲜有对引进对象进行充分的鉴别、评估与预测。然而，学术面前人人平等，人才头衔绝不能成为人才引进的“免检证”。[②]

创新人才评价机制。科学的人才评价机制是高校人才开发与管理的关键。第一，对高校展开分类评价。根据高校的定位和特色，按大学在知识生产的深度（学位授予的层次）与广度（学科的综合性或专门性）两维的特征进行分类，对高校的人才培养展开分类评价，鼓励高校在不同层次、不同领域加快人才培养机制建设，提升办学水平。第二，构建多维评价指标体系。放弃用一套指标评尽全国高校的陈旧简陋做法，构建多维指标体系，包括：(1）用于检测人才培养绩效的监测性指标。该类指标主要为客观可得的量化指标，充分利用已有数据积累，形成常态过程性数据采集与监测指标构建，旨在客观地监测高校人才培养的切实绩效进展与变化。(2）用于深入分析高校人才培养过程与问题的诊断性指标。以质性材料和师生自我报告数据为主，旨在为高校人才培养的现状和机制改进提供诊断

---

① 中国高等教育学会. 关于加强本土人才培养工作的建议［R]. 研究专报（第2期），2018.

② 郭书剑，王建华. “双一流”建设背景下我国大学高层次人才引进政策分析［J]. 现代大学教育，2017（04）：82－90.

和分析的依据。为保证该类指标和数据不被扭曲，分析结果不予公开，仅用于支持高校内部的问题诊断与自我改进。（3）用于不同政策目标而复合甄选得出的评价性指标。该类指标是非固定性指标，具有对不同高校、国家发展不同战略阶段目标予以适应的弹性特征，由专家在前两类指标和数据的基础上，选择、组合或补充得到区分度高、能指征和表现高校人才培养质量和特性的核心关键性指标。第三，采用多方参与的评价模式。我们强调评价的社会参与，特别是教师的参与。高校教师是大学教育教学和科研活动的真正承担者，他们对各评价指标在实践中的意义和内涵有更为深刻的理解。此外，要完善第三方评价机制的建设。新的评价体系设计可以较好地避免高校过于关注具体指标而进行短期功利化建设，能凝练出我国高等教育发展与社会经济发展相互融合促进的成功经验，能形成中国特色、世界水平的人才培养体系。[①]

完善人才使用与培养机制。高校重视人才引进的同时也需注重人才的使用与培养，不仅能“引得来”，更要“用得好、留得住”。第一，营造良好的工作氛围。不仅要提供先进的实验设备、舒适的办公条件，更要注重营造尊重知识、尊重人才的和谐氛围，给予新引进人员更多的人文关怀。第二，优化薪酬激励体系。一方面，优化人才引进待遇，综合考虑高层次人才的生活安置、科研启动经费、办公条件等因素，针对不同层次、不同岗位的人才特征，制定有差异、有梯度的待遇结构；另一方面，完善薪酬激励。目前高校的薪酬结构主要包括基本工资、绩效工资以及津贴补贴，要充分发挥绩效工资的激励导向作用，在全面绩效考核的基础上，依据其业绩和贡献多少实施浮动发放，充分激发高层次人才工作自主性。第三，为高层次人才发展提供平台。一方面，积极为其搭建优质学科交流平台，促进其跨学科、跨行业、跨国际交流，丰富学科知识储备，开拓国际性，层次人才较多的自主权，提升其充分发挥自我价值的满足感。如采用终身

① 中国高等教育学会．关于加强本土人才培养工作的建议［R］．研究专报（第2期），2018.

聘用制，赋予顶尖型高层次人才更多的学术自主权或赋予高层次人才一定的行政权力，使其投身到高校整体建设发展中来。由此，形成“环境留人、待遇留人、事业留人”一体化的人才使用与培养机制，为高层次人才引进工作的圆满完成提供保障。

综上所述，高校做好高层次人才引进工作不仅要做到“引进来”，还要能“留得住、用得好”，使得高层次“人尽其才，才尽其用”。因此，高校应坚持科学的人才引进工作的思路，尊重人才、汇聚人才、爱惜人才，通过制定完善人才引进规章制度，规范人才招聘程序，优化人才评价机制，完善人才使用与培养制度，把高层次人才引进工作做细做实，取得理想的效果。①

3. 人事制度改革与人才引进相结合

高校人才引进离不开对制度的改革，人事制度的有效性会对教师能力的发挥程度起到积极促进作用，这就要提升高校人事制度的合理性。基于当前的社会发展形势，我国高校的教师待遇得到显著提升，但是高校用人机制没有做出相应调整，仍然无法引进更多高水平人才。不合理的人事制度还会导致人才腐化现象的发生，在消极的工作环境中必然会让引进人才的积极性被消磨，无法建立起高水平的教师队伍。这就需要打破长期以来的终身聘请制度，建立起良性竞争机制，让高水平人才能够发挥自身优势，为教师队伍的人建设、高校的发展提供有利条件。此外，高校还应当重视考核制度的完善，对任期教师的综合表现进行客观合理的评价，打破传统按照职称考核的方式，给优秀青年教师更好的发展空间，让每名高水平教师都能够得到肯定。在这样的良性循环下能够为高校吸引更多高技能人才，让人事制度改革促进人才引进工作的开展。②

---

① 陶玉霜，居占杰．“双一流冶建设背景下高校高层次人才引进的思路及对策［J］．齐齐哈尔大学学报：哲学社会科学版，2018（3）：176－179.

② 杜伟．高校人事制度改革与人才引进的融合［J］．学周刊，2018，382（34）：185－186.

专题六

高校招生选拔制度改革与人才培养创新研究

以高考为核心内容的高校招生选拔制度是我国基本教育制度的重要组成部分。我国是世界上第一个把考试作为人才选拔关键环节的国家，也是第一个出台国家考试制度的国家。党的十八大以来，新一轮高考制度改革全面推进，习近平总书记先后三次主持会议研究高考改革方案，并在全国教育大会等重要场合强调要坚持中国特色社会主义教育发展道路，深化教育体制改革，维护教育公平公正，健全立德树人落实机制，进一步解决教育评价指挥棒问题。中央决定将考试招生制度改革作为教育综合改革中的优先事项，要求上海、浙江两地自 2014 年起率先开展高考综合改革试点工作。并明确了有利于推进素质教育、有利于促进教育公平、有利于科学选拔人才的改革方向，着力解决“唯分数论”“应试教育”等社会反映强烈的突出问题。积极推进考试内容改革，突出对综合素质和能力的考查，发挥高考的导向作用。同时，也明确提出了稳步扩大高考综合改革省份，逐步形成分类考试、综合评价、多元录取的考试招生模式，促进学生全面、个性化发展的工作目标。

高校招生选拔制度的改革是加快推进教育现代化、建设教育强国的必经之路。这一改革不仅对高校的人才选拔和人才培养带来重大变革，也将深刻影响基础教育全面革新，推动高校和中小学人才培养协同创新。本专题系统梳理了高校招生选拔制度改革的相关理论与实践研究成果，从高校招生选拔制度改革的价值与要求、高校招生选拔制度改革与教育公平、高校招生选拔制度改革中的人才选拔及高校招生选拔制度改革对基础教育的深远影响等四个方面展开讨论。

一、高校招生选拔制度改革的价值与要求

（一）走向教育公平：高考招生制度的历史变迁

新中国成立以来，高考招生制度经历了诸多历史变迁。其中，1977 年

正式恢复高等学校招生统一考试的制度是中国教育发展史上特殊的转折点，其划时代的重要性不言而喻。恢复高考不仅是许多人命运的转折点，而且是一个国家与时代的拐点。随着时代进步，招考制度亦实时调整以适应发展需要。回顾恢复高考以来的招考制度变化，大致经历了以下主要变革。

1977 年岁末，恢复高等学校招生考试制度。由于时间紧迫及组织方面的难度，实行分省统一命题考试。

1978 年，正式实行全国高校招生统一命题考试。

1985 年，试行招收少数国家计划外的自费生。

1985 年以后，逐步减少高考科目。

1989 年以后，逐步在全国推行标准化考试。

1999 年，扩大高校招生规模，开始推行“3 + X”科目考试方案。

2002 年，第一次全面实现高校招生网上录取。

2003 年，北大、清华等 22 所高校被赋予 5% 的自主招生权。

2006 年，上海交大、复旦实行自主招生改革。

2008 年，实行平行志愿录取。

2012 年，实行面向农村贫困地区的定向招生专项计划。

2014 年，党中央、国务院决策部署深化考试招生制度改革。

2017 年，上海市、浙江省高考综合改革试点的首届高中毕业生施行分类考试、综合评价、多元录取模式。

2020 年，北京、山东、天津、海南四个省市将迎来高考综合改革试点方案落地后的首届高中毕业生。

从上述历史变迁我们可以发现，高考制度具有以下四个功能：

第一，选拔各类优秀人才。选拔基础好、潜力大的优秀人才是高考的第一功能。1977 年恢复高考就是为了这个目的。1985 年起，减少高考科目也是为了有利于选拔有学科特长的优秀学生。为了培养出更多拔尖创新人才，国家赋予高水平大学一定程度的自主招生权，其积极作用值得肯定。这也是世界一流大学选才的惯例。但由于我国的特殊国情，高校招生自主权一直在收收放放中徘徊。2020 年，教育部出台《关于在部分高校开展基础学科招生改革试点工作的意见》，遴选 36 所“一流大学”建设高校试点“强基计划”，聚焦国家重大战略需求，进一步探索多维度考核评价模式。

第二，保障教育机会公平。在我国，高考是实现教育公平乃至社会公平的重要制度，关系到每个人的受教育机会是否得到充分保障，关系到个人的努力是否会得到公平认可，关系到民众对未来的希望和对国家的信任。因此公平公正一直是高考制度设计的重点。当然，“分数面前人人平等”的朴素真理和“一考定终身”的选才方法自有其局限性，即使从维护教育公平的角度也是有欠缺的，需要进一步改革探索。

第三，均衡教育资源分布。由于我国教育资源分布和基础教育水平呈现出较大的区域性差异，为维护国家的整体利益，保障民众受教育权益，高校招生必须体现均衡教育资源分布的特殊功能。多年来，国家实施了一系列计划和方案，体现向中西部地区和农村学生倾斜的政策取向。特别是 2012 年起，国家实施面向集中连片特殊困难地区的“国家专项计划”，以及 2014 年起增加面向农村和贫困地区的“高校专项计划”和“地方专项计划”，加大了促进教育资源均衡分布的力度。

第四，促进教育体制改革。高考作为基础教育与高等教育相衔接的重要考试，其改革不仅仅对其本身产生影响，同时深刻地影响到基础教育和高等教育的变革。改革开放四十年来，我国的基础教育和高等教育的规模和质量都得到了举世瞩目的提升。其重要牵引力之一就是高考及其政策。

2010 年，《国家中长期教育改革和发展规划纲要（2010—2020 年）》为新一轮高考综合改革描绘了宏伟蓝图。“以考试招生制度改革为突破口，克服一考定终身的弊端，推进素质教育实施和创新人才培养。按照有利于科学选拔人才、促进学生健康发展、维护社会公平的原则，探索招生与考试相对分离的办法，政府宏观管理，专业机构组织实施，学校依法自主招生，学生多次选择，逐步形成分类考试、综合评价、多元录取的考试招生制度。加强考试管理，完善专业考试机构功能，提高服务能力和水平。成立国家教育考试指导委员会，研究制定考试改革方案，指导考试改革试点。”

以史为鉴，才能面向未来。恢复高考以来，我国的高考招生制度几经变革，越来越向着公平合理、多元化的方向发展。回顾高考招生制度，也体现了选拔更加优秀合适的人才、兼顾公平与效率、注重区域的社会平衡、促进教育体制改革等几大职能，与社会经济发展相匹配，基本符合新时代建设社会主义强国的需要，但也存在需要进一步改革完善的方面。

（二）对接时代特征：高考招生制度改革的新要求

当今世界正处于百年未有之大变局。世界多极化、经济全球化曲折发展，科技进步日新月异，人才竞争日趋激烈。而我国正处于实现中华民族伟大复兴的关键时期。习近平总书记在十九大报告中强调："建设教育强国是中华民族伟大复兴的基础工程，必须把教育事业放在优先位置，加快教育现代化，办好人民满意的教育”。面对新时代的发展挑战和人才需求，我国高等教育必须加快改革步伐。高等教育改革的目的在于提高人才培养水平，核心在于改革人才培养体制，而突破口却在于改革高考招生制度。唯有推进高考招生制度改革，方能为高校选拔综合素质优秀的拔尖人才和培养创新人才奠定基础。新时代对高考招生制度改革提出了四点新要求。

第一，加快建设创新型国家要求高考招生更加有利于科学地选拔拔尖创新人才。建设创新型国家的重要战略资源是人才资源。人是创新的主体，也是创新活动中最为活跃、最为积极的因素。创新驱动实质上是人才驱动。因此，要实现科技创新，建成创新型国家，就必须建设一支规模宏大、结构合理、素质优良的创新人才队伍。经过几代人努力，我国人才队伍建设取得巨大成就。但是，我国在创新型科技人才方面还存在结构性矛盾，如人才队伍大而不强、领军人才和尖子人才稀缺、人才创新创造活力不足，特别是在重大科研项目、重大工程、重点学科等领域缺乏世界一流水平的领军人才。从某种意义上而言，科技创新人才结构性不足已经成为制约我国创新驱动发展的“瓶颈”。

要解决人才结构性不足的矛盾，必须改革和完善人才发展机制，建立更为科学灵活的人才选拔和评价机制，发掘、培养、集聚一大批高素质创新型人才。目前全面推进的高考综合改革正是响应建设创新型国家对创新人才的战略需要而设计的。深化高考招生制度改革要充分体现科学、高效的选拔人才准则，落实“立德树人”根本任务，选拔综合素质优秀、具有创新潜质的拔尖优秀学生，培养德智体美劳全面发展的优秀人才，以满足社会经济发展需要。

第二，发展不平衡、不充分的新矛盾要求高考招生更加有利于公平地配置教育资源。党的十九大报告提出，中国特色社会主义进入新时代，我国社会主要矛盾已经转化为人民日益增长的美好生活需要和不平衡不充分的发展之间的矛盾。在高等教育领域，这种新矛盾主要体现在人民对优质高等教育资源需求与区域、城乡间不平衡不充分资源配置之间的关系。如我国东部地区拥有的优质高等教育资源依然远远高于中西部地区；大城市的初、中等教育资源非常丰富，而偏远农村、贫困地区的教育资源却相对匮乏。有统计数据显示，1999 年高校扩招之后，农村学生上大学的比例其实是在明显提高的。如 2012 年农村学生上大学的比例达到 59. 1%，与当年全国考生中农村学生的比例（约 62%）大致相似。但多数来自农村的大学生主要分布在教育资源、教育质量较弱的地方院校和专科院校。而重点研究型大学中，农村学生的比例却在不断滑落。这虽然有我国农村人口及农村学生的比例本身在不断减少的因素，但“寒门难出贵子”还是不争的事实。

重点高校中农村学生比例的减少已经引起了中央政府的高度重视。国务院总理李克强在政府工作报告中强调“要逐步提高重点高校中农村学生的比例，要畅通农村和贫困地区学子纵向流动的渠道，让每个人都有机会通过教育改变自身命运”。针对不同区域、城乡之间教育资源配置不均衡现象，除教育资源配置要向农村地区、边远贫困地区和民族地区倾斜外，还要实施面向农村贫困地区的定向招生专项计划。提高中西部地区和人口大省高考录取率，在东部地区高校安排专门招生名额面向中西部地区招生。而高考招生制度改革也进一步提出要“形成保障农村学生上重点高校的长效机制”。

第三，办好人民满意的教育要求高考招生更加有利于有效地扩大人民群众享有优质教育的机会。办好人民满意的教育就是要“让教育发展成果更多更公平地惠及全体人民。努力保障人人享有受教育的机会，落实立德树人根本任务，努力让亿万孩子共享优质教育”。而要办好人民满意的高等教育，需要深化高考招生制度改革，释放高校招生选拔活力，关注学生不同特点和个性差异，发展每一个学生的优势潜能。目前，高考综合改革提出，“在深化改革高考考试内容基础上，还要改革考试科目设置。除统一考试科目外，考生还可以根据报考高校要求和自身特长，自主选择其他考试科目。并逐步取消高校招生录取批次，推进并完善平行志愿投档方式”。可见，深化高考招生制度不仅可以优化学生的选择权，促进学校高效选才，还可以引导不同类型高校特色化发展，增加高校和学生的双向选择机会。让每个学生都可以充分发挥自己的特长和潜能，使高等教育资源最大化地物尽其用，让拔尖创新人才脱颖而出。

第四，建设教育强国要求高考招生更加有利于加快“双一流”建设步伐。建设“双一流”是党中央、国务院做出的重大战略决策，关系到中国高等教育综合实力和国际竞争力的提升。习近平总书记在全国高校思想政治工作会议上强调，“只有培养出一流人才的高校，才能成为世界一流大学。办好我国高校，办出世界一流大学，必须牢牢抓住全面提高人才培养能力这个核心点，并以此来带动高校其他工作”。而一流人才的培养离不开科学、合理的招生选拔制度。目前，在全面推动高考招生制度改革的攻坚时期，“双一流”高校如何抓住改革机遇，改进人才评价方式、探索出适合本校选拔优秀人才的招生录取方案就显得至关重要。考试招生制度改革实施意见提出“高校要根据自身办学定位和专业培养目标，探索出基于统一高考和高中学业水平考试成绩、参考综合素质评价的多元录取机制”。作为深化高考招生制度改革的关键少数和重中之重，优化“双一流”高校的招生选拔制度将能有效地缓解社会焦虑，引导基础教育健康发展。因此，“双一流”高校理应义不容辞地为改革献计献策，为实现“两个一百年”奋斗目标和中国梦提供强有力的人才支撑。而国家教育主管部门也要有更大的魄力赋予“双一流”高校必要的招生自主权。

二、高校招生选拔制度改革与教育公平

（一）教育公平是高校招生选拔制度改革的价值基石

高校招生选拔制度改革政策的价值选择要与时俱进、结合实际。十九大报告中提出的我国社会主要矛盾的转化，反映在高等教育领域，就是人民群众接受优质高等教育的迫切需求与优质高等教育资源供给短缺且不均衡之间的矛盾。在这样的背景下，不同利益群体具有不同的价值追求。优势群体更倾向于在享有优质教育资源的基础上追求教育的理想价值；而弱势群体往往更倾向于追求教育的工具价值，获得向上流动的稀缺机会。因此，在当前历史阶段，高考改革的价值选择应该兼顾理想价值与工具价值，兼顾效率与公平，兼顾科学与正义，在高考综合改革的实践探索中要高度重视和妥善协调这些关系。①

追溯历史，我国考试招生制度不断改进完善，初步形成了相对完整的考试招生体系，为学生成长、国家选才、社会公平做出了历史性贡献，对提高教育质量、提升国民素质、促进社会纵向流动、服务国家现代化建设发挥了不可替代的重要作用。在当前新的历史形势下，国家对创新型人才支撑引领需求，高考选拔对民族复兴的人才支撑作用愈发明显。对一流大

① 钟秉林，王新凤．我国高考改革的价值取向变迁与理性选择——基于40年高考招生政策文本分析的视角［J］．教育研究，2017，38（10）：12－20.

学而言，单凭一次高考成绩取人，难以选拔出最适合本校办学特色的学生，难以录取到最具潜力的学生，也难以满足寒门学子入名校的要求，难以支撑培养拔尖创新人才的实际需要。这对新的历史环境下教育公平提出了更高的要求，需要从顶层设计入手，不断探索实践，实现高考改革初心。

从个人角度来看，高等教育的入学机会在很大程度上影响考生未来的职业发展和社会地位。从国家角度来看，高考公平关涉教育资源配置、社会阶层流动等一系列社会公平。因此，高考在公平公正甄选高等教育入学机会分配的同时，还具有促进社会流动、稳定社会秩序、提升社会文化等多项社会功能，是个人、家庭乃至群体合理改变社会身份、地位的重要途径，对引导基础教育层面的素质教育、健全资源配置的社会机制、构建社会阶层流动平台、保证差异公平等都起到举足轻重的作用，是促进社会公平的重要手段。[①] 此外，现行的高校招生选拔制度改革为考生提供了平等、多样化的选择权。在改革试点中，考生可以根据自己的考试（选考）科目、学业成绩、专业志趣及考试分数自由选择填报的学校，当考生选择填报某一所高校且高考成绩等条件达到录取条件时，则可以进入这所高校学习。可以说，现行的招生选拔制度在一定程度上保证了考生的入学机会公平。

在高校招生选拔制度的改革中，完善高校招生选拔机制，改进录取方式，提高中西部地区和人口大省高考录取率，增加农村学生上重点高校人数，大幅减少加分项目，加大信息公开力度，加大违规查处力度等一系列举措，都指向了切实保障考试招生机会公平、程序公开、结果公正的改革初衷。与此同时，上海、浙江的高考综合评价改革正在积极探索中，一是综合评价招生试点逐步增加，有更多高校加入，取得了初步成效，也为在其他更多省市的陆续推广积累了经验；二是试点方案的核心是运用“631”模式选拔学生（“两依据、一参考”），即60%为“3+3”考试科目形成的

① 庞君芳. 高考公平的内涵、价值与实践向度［J］. 课程. 教材. 教法，2017，37（04）：49-54.

笔试成绩，30% 为综合素质评价面试成绩，10% 为高中学业水平成绩。两地在中学综合素质评价报告内容的客观真实、公开公平等方面都做了系统性设计，以保证中学综合素质评价的真实性。在测试过程中，很多高校采用考生考官和考场随机匹配、建立命题保密机制、全程录像、信息公开等举措，以最大程度保证高校综合测试的公平公正，其经验值得总结提炼。

但是，也有学者担心推广沪浙两地的高校招生选拔制度改革方案会对弱势学生产生一定的不利影响。农村及偏远地区考生在英语口语、综合考试、面试等方面，以及强调试题的灵活性、综合性和创新性时会相形见绌。这可能会在一定程度上降低其进入高水平大学的机会。

（二）多措并举为高校招生选拔制度的改革公平保驾护航

高校招生选拔机制作为高等教育体制中的重要组成部分，一直以来不仅是学术界研究与探讨的热点，也是社会关注的焦点。在以改革、创新为主旋律的大环境下，为保证高考能够继续发挥好社会公平与社会正义“压舱石”的作用，当前高校招生选拔制度改革要坚持多措并举。具体分为以下四个方面。

第一，切实改进优化当前招生计划分配方式，稳步提高中西部地区和人口大省高考录取率，以及增加农村学生上重点高校的比例。我国高校招生的名额配置采取的是行政主导的招生计划分配方式，全国各地的高考录取率差异问题，近年来已在各项政策调整和制度优化中得以缓和。以 2018 年为例，全国高考录取率为 81.13%，录取率最低省份新疆为 79.51%；作为人口大省的河南省，2018 年高考录取率为 80.04%。同时，国家实施了一系列促进区域、城乡招生公平的举措。2008 年开始实施“支援中西部地区招生协作计划”，该计划实施 9 年间，录取率最低省份与全国平均水平差距缩小了 12 个百分点。[①] 此外，近年来“国家专项计划”“高校专项计划”

① 央视网. 国家支援中西部地区招生协作计划：面向中西部平衡高考录取率差距［EB/OL］. http://news.cctv.com/2017/05/11/ARTIfgaQU0GdRzRha6e2wKvd170511.shtml，2017-05-11.

和“地方专项计划”的先后实施显著提升了重点高校中农村、贫困地区学生的比例，有效促进了城乡考生入学机会公平。

第二，实施“异地高考”政策。2012 年国家出台了《关于做好进城务工人员随迁子女接受义务教育后在当地参加升学考试工作的意见》，“异地高考”改革自此正式启动。从目前各地公布的实施细则看，主要呈现四种模式：第一种模式仅对考生有要求，要求外地户籍考生的学籍保持一致性；第二种模式对家长稍作要求，除要求随迁子女有完整的学习经历外，家长还应符合规定条件，如拥有合法稳定职业、合法稳定住所等；第三种模式对家长有一定的限制，一般要求有三年合法稳定职业、合法稳定住所和社保缴费记录；第四种模式则更为谨慎，仅开放中等职业学校和高等职业院校的录取机会。[①]

第三，改革招生录取机制，特别是减少和规范考试加分。根据 1978 年《普通高等学校招生暂行条例》，我国高考录取对艺体特长生、少数民族考生等实行鼓励性优惠或补偿性优惠，实施适当降分、加分或优先录取政策，并根据优惠适用范围，划分为全国性优惠和地方性优惠。这一政策的初衷和合理性无疑是值得肯定的，但也为少数人投机取巧或以权谋私提供了机会。2014 年教育部等联合发布《关于进一步减少和规范高考加分项目和分值的意见》，提出取消和大幅减少部分鼓励性加分项目。从实践效率看，减轻了广大考生和家长的疑虑，有利于促进招生公平。但也在一定程度上影响到艺体特长生及单科优异生进入一流大学的机会。

第四，改革监督管理机制。建立更完善的信息公开制度体系，及时公开高校招生、考生报考、政府监管等信息。各省级招生考试机构、高校、中学等严格执行教育部招生录取工作“十公开”原则，将各类招生相关政策、章程、计划、考生资格、录取程序、录取结果、咨询及申诉渠道等信息向社会公布，确保录取过程规范、监管到位，广泛接受社会监督，

① 刘洋溪，王奇，徐银银．教育公平视角下农民工随迁子女异地高考问题探析［J］．现代中小学教育，2018，34（12）：1－4.

让招生全过程在阳光下进行，明显提升了高校招生选拔工作的社会公信力，也使高校领导和招生工作人员轻松摆脱了来自不同方面的招生请托压力。

（三）促使招生公平转向教育公平，提升专项计划学生成才率

前文提到，为进一步提高贫困地区农村学生上重点高校的比例，我国政府实施了“国家专项计划”“高校专项计划”和“地方专项计划”。2018年，全国重点高校招收专项计划学生人数超过了10万人，有效改善了城乡和区域间的教育差距，明显促进了优质高等教育资源的均衡配置。有研究对云南某州高三农村学生进行随机实地实验，发现在专项招生政策的影响下，原本对于农村学生选择报考大学时具有强烈影响的经济因素已明显减弱，而学生的个人能力成为核心影响因素。① 在充分提供招考信息与资助信息的情况下，专项招生计划矫正了家庭经济条件对农村学生报考重点大学的干扰，对提升学生的能力和自信心以及地方政府办好农村学校的意愿和责任感都具有积极作用，不仅有力地促进了高考招生公平，也促进了农村教育质量的提升。

在充分肯定专项招生计划的重要意义和实施成效的同时，我们也要实事求是地注意到，由于专项计划生大多数是享受了一定的降（加）分优惠才得以进入重点大学，与同级的其他批次学生相比，存在着渡过学业适应期的更大压力。有学者对某“双一流”建设高校的农村、贫困专项计划大学生的学业适应性进行了定量分析研究，发现专项计划学生群体入校后在“课程设置”“目标规划”“时间安排”“学习策略”和“教学模式”等方面与其他同学之间有较显著的差距。该学者建议高校开展专项计划学生的入学准备指导项目，如充分利用入学前的暑期时间，为专项计划学生群体提供大学生活和学习方面的信息指导等；营造支持性校园环境，完善学生

① 崔盛，吴秋翔．家庭经济条件还是学生能力？——信息干预对农村学生选择重点大学的影响研究［J］．清华大学教育研究，2018，39（02）：102－110.

学业辅导体系，如构建学习交流平台、搭建学习支持服务中心、设立学长助学制度等；拓宽师生互动机会与渠道，提升学生学业投入程度，如指派有针对性的学业导师、设立专门的师生互动项目等。[①]

近年来，不少重点高校为提升专项计划生培养质量做出了积极的努力和尝试。以上海交通大学为例，2019 年暑期，上海交大面向农村和贫困地区专项计划等新生，举办了为期四周的“筑力学习先修营”（简称“筑力营”）。在“筑力营”项目中，上海交通大学配套编写了专门教案，精心遴选优秀师资承担教学任务；同时选拔优秀的新生辅导员、资深辅导员及优秀青年教师参与教育管理工作；还投入专项资源，加强配套保障措施，对“筑力营”学生的一切学习生活费用予以减免，并提供相应的生活补贴。在“筑力营”举办之前，利用暑假以教师带队开展社会实践等形式，对贫困地区新生进行调研走访，解读资助政策，提供爱心路费、绿色通道报名表、学费减免申请书、勤工助学岗位申领表等关怀举措，确保每位新生“无忧到校”。在自愿报名的前提下，“筑力营”得到学生们的积极响应，共计 427 名同学报名参加，占专项计划生总人数的 68%。

在“筑力营”项目实施过程中，上海交通大学采取了一系列具有针对性的措施，包括：制定学生谈心谈话工作方案等，明确班主任要与每名学生面对面、一对一谈心谈话，强化对学生思想及学习状况的掌握，针对相关问题和思想动向予以及时解决和引导；加强第一课堂学业指导，精心设计由数学、英语、物理、化学、计算机基础与应用、阅读与写作、编程基础和实践课程等构成的课程体系；发挥第二课堂的实践育人效能，开展安全防范、急救常识、垃圾分类等知识讲座和心理咨询、素质拓展、艺术欣赏、社团展演等文化活动，帮助学生尽快融入学校生活；带领新生参观考察重点企业，提升专业认同；通过生涯讲座、心理适应拓展等活动，让新生提前认知大学、认知自我；安排学校党委书记、校长与学生进行面对面

① 熊静，杨颉．招生政策倾斜背景下农村、贫困专项计划大学生学业适应研究——基于某“双一流”建设高校的实证调查［J］．中国高教研究，2018（07）：30－38.

座谈交流，鼓励学生树立远大理想、增强人生自信；组织往届专项计划优秀学生代表分享等活动发挥朋辈引导。

同时，上海交通大学以“筑力营”为依托，构建了育人长效机制，包括：将“筑力营”作为学生骨干发掘培养的重要渠道，依托“筑力营”选拔新生临时召集人，参与迎新等专项工作，在“筑力营”中挑选表现优异的学生在开学典礼上作为新生代表发言，提升学生综合素质和朋辈引领效果；“筑力营”结束后，在新生进校期间，学校组织开展自强自立培训，指导新生制定大学自强自立规划，提供专项勤工助学岗位，使学生开学第一天就能参加勤工助学工作，第一个月就能拿到自力更生的收入，确保经济困难学生快速适应、实现自力更生；持续跟踪关注“筑力营”教育效果等。

在“筑力营”结束后开展的调查中，超过97%的学生表示，“筑力营”对自己适应大学生活及开阔个人视野有很大帮助；超过70%的学生表示，在个人自信和对专业了解方面有了很大提高；在入学开展的新生英语、数学测试中，参加“筑力营”的专项计划学生英语平均成绩比未参加“筑力营”的专项计划学生高出4.5分，数学平均成绩比未参加的高出近1.5分。① 由此可见，上海交通大学“筑力营”很好地把握了入学之前的“灌浆期”，对专项计划新生学业适应能力的提升和学业根基的夯实有明显的成效，这些有效举措为促进教育公平、提升教育增值提供了一个很好的示范。

另外，一些学者也建议国家教育主管部门在制定下一步的专项计划时，要避免逐年加码，把握降分力度，努力提高专项计划生的成才率，把好事办好。

---

① 中华人民共和国教育部官网．思政司：强化价值引领　落实精准思政——上海交通大学着力打造“筑力学习先修营”［EB/OL］. http://www.moe.gov.cn/s78/A12/moe_2154/202001/t20200107_414581.html，2020-01-07.

三、高校招生选拔制度改革中的人才选拔

（一）综合评价成为高校未来招生工作的新模式

高校在录取时参考考生的综合素质评价，通过综合评价方式进行录取，这是新高考改革的一个亮点，对推进中学素质教育起到了积极的导向作用。根据教育部《关于加强和改进普通高中学生综合素质评价的意见》，“综合素质评价是对学生全面发展状况的观察、记录、分析，是发现和培育学生良好个性的重要手段，是深入推进素质教育的一项重要制度”，同时将评价内容分为思想品德、学业水平、身心健康、艺术素养和社会实践五个方面。从上海、浙江试点情况来看，至 2019 年，在上海已有上海交通大学、复旦大学、同济大学、华东师范大学、浙江大学等 11 所高校成为综合评价录取改革试点高校。在上海综合评价录取过程中，改革试点高校采用“入学申请 + 高考成绩 + 专家面试”的选拔模式，依据考生高考成绩、志愿情况、以及报名审核结果确定面试入围资格，各校依据自身情况确定面试方案，在面试中参考综合素质评价信息，面试后采用“高考成绩（60%） + 面试成绩（30%） + 高中学业水平合格性考试成绩（10%）”的计分比例折算为综合成绩。在浙江，则有包括清华大学、北京大学、上海交通大学、复旦大学、浙江大学等在内的 60 多所省内外高校参与综合评价录取改革试点（即浙江省三位一体综合评价招生试点）。与上海相比，浙江三位一体招生改革试点增加笔试环节，各校依据自身情况确定笔试方案，依据考生笔试成绩确定面试入围资格，面试后也是将高考、面试、学业水平测试这三部分成绩折算成综合成绩，然后根据综合成绩择优录取。这种选拔方式具有较强的科学性和合理性，弥补了单纯以高考分数选拔的不足，拓宽了高考选拔的多元途径，强化了学业水平测试和综合素质评价在招生录取中的作用。同时，综合评价选拔与统一高考的结合赋予了高校更多量人选才的权

力，有助于高校选拔、挖掘有潜质的学生。不少高校表示，新高考改革是大学从“按分取人”向“看分＋看人录取”的一个转变。①

随着近年综合评价改革试点的层层推进，评价方法得到了发展和完善：一是评价主体的多元化。探索形成了由各省（市）级教育考试机构、高校、中学相结合的多元评价主体。二是评价形式的多样化。高考作为我国最具影响力和公信力的考试评价制度，依然在招生录取中保持较大权重，但增加了各高校独立组织的面试环节以及高中学业考试，形成了多维一体的人才选拔综合评价体系。三是评价内容的综合化。高考综合评价改革既要评估考生德智体美劳等各方面素质情况，又要评估考生各方面学业学习情况。四是对评价结果的运用。综合素质评价是手段，评价的目的在于对人才的选拔，在于探索和建立从中学到高校的多元考核和选拔录取体系。②从上海、浙江近年来的试点结果看，高校综合评价录取的学生入校后表现出了更好的综合素质和专业素养，综合评价的录取方式也得到了高校、社会和学生的认同。

为了进一步提高综合评价招生录取的科学性和效率，有学者建议高校可以根据自身人才选拔的目标和定位，建立一套适合自身的综合评价系统，并认为这套系统应当包含以下五个方面：首先，它应当是一整套全面包括量化及非量化指标的信息系统。综合评价必定既包括非量化的主观评价，也包括量化的指标数据。其次，系统应当在考生开始填报材料时就启动评价程序，即系统需包含学生报名时的信息采集。第三，通过量化数据研究建立科学有效的算法，系统可以就申请学生提供的信息和材料进行综合判断。信息采集完成后，通过后台大量的计算，系统对学生进行初步分类和评价，以提高筛选效率。第四，系统不仅包含一套计算机程序，也包含一

① 董秀华，王薇，王歆妙．新高考改革：高校招生面临的挑战与变革［J］．复旦教育论坛，2018，16（03）：43－50.

② 朱卫国，左盼盼．高考综合评价改革研究——以江苏省试点高考综合评价为例［J］．中国教育学刊，2016（03）：52－56.

套完善的招生决策机制。这套机制应当知道如何搜寻和发现适合本校培养的学生，知道通过何种程序和组织形式对学生进行评价，并且知道由谁通过何种方式来做出最终判断，等等。最后，系统应当具有较强的自我监督功能，以确保招生过程的公平公正。它需要能够预见招生过程中可能出现的突发事件和漏洞，并提前做出反应和提供解决方案。①

（二）高校专业录取与人才培养模式发生巨大变化

新高考改革赋予高校制定本校招生专业选考科目要求的权力，改变了高校传统的招生录取模式，变“被动收档”为“前置引导”。在新高考规则下，高校需要按照自身办学特色和定位，按照各专业人才培养规格需要，对各专业设置不同的选考科目要求，引导高中学生学习相关专业必备的高中课程知识。在现有的新高考改革试点中，上海和浙江分别实行了6选3或7选3的选科制度，在高校指定的1到3门（或不限）选考科目中考生只要选考其中1门就可以报考此专业。因此报考同一专业的学生在科目组合方面会存在较大差异，这种多样性将带来生源结构的变化，给学校的教学和管理提出了新的要求。

然而，不少高校对新高考政策试点尚未做好充分准备。据浙江省教育考试院披露，2017年在浙招生的1300多所高校中，有500多所没有提出任何选考科目要求；在各高校设置的23700多个招生专业（或专业大类）中，不限选考科目的占54%。余下限制了选考科目的专业中，限定一门必选科目的专业占5%，限定两门科目任选一门的专业占8%，限定三门科目任选一门的专业占33%。这一情况，在2018年和2019年已有不同程度的改观。同时，录取机制的改革也倒逼着高校进行专业结构调整，为高校优化学科专业结构、实现特色办学提供了平台和内驱力。在对浙江的调研中发现，高考改革以后，部分高校自动调整撤销了竞争优势不强、报考人数较少的

① 秦春华，林莉．高考改革与综合素质评价［J］．中国大学教学，2015（07）：15－21.

专业。

生源群体的多样化导致入校学生的学科基础不一，使得高校需要对教学培养等环节进行调整，或开展分层次教学。以高校化学专业为例，除了要求学生具备化学知识外，对学生的物理知识也有较高要求。但按目前的选考办法，无论高校化学专业如何设置选考科目要求，该专业都无法保证招收到的所有考生都同时选考了物理和化学。在这种情况下，当高校化学专业开设需要物理知识基础的专业课程时，就必须在难度设置等方面考虑学生在学业基础上的差异，对教学培养环节进行调整。① 另有研究者提出，为了应对这种学生知识结构的变化，可以推行完全学分制。但是完全学分制下的大面积自由选课势必会对高校的教学资源调配水平和学生管理水平构成不同于传统课程安排的巨大挑战。②

如何改进高校对不同专业选考科目的要求，有学者建议，首先，高校可以通过设置专门机构或设立专项课题，根据本校各专业的培养目标、教学特色、生源状况以及毕业去向，结合本校对课程结构、教育方式的改革期望等，对不同专业的知识结构要求进行深入研究，并以此为基础制定各专业的选考科目要求。其次，同层次高校间可以加强同类型专业的合作研究，力争在短时间内推出同类专业的选考科目要求。这样既可以保证选考科目设计的科学性，又可以为同类型专业的生源调剂提供技术上的可能性。③ 近年，教育部已组织专家论证指导各高校完善专业培养与选考科目要求的匹配度，大多数高校正在根据教育部指导意见进行专业选考科目的优化。

教育部指导意见的实施，一方面各高校提供了专业选考科目的建议和指引，规范了不同高校相似专业间的竞争，另一方面打破了考生的选考科

---

① 于世洁，徐宁汉，杨帆，尹佳．新高考改革下高校选考科目的制定［J］．清华大学教育研究，2015，36（02）：32－36＋63.

② 郑庆华，訾艳阳，窦小刚，宋红霞，吴梦秋，王西京，李涓．高等教育视角下的高考综合改革成效分析与联动机制探索——以西安交通大学为例［J］．中国考试，2019（03）：1－7.

③ 傅维利．高考改革与高校责任主体的回归［J］．中国高等教育，2015（12）：12－14.

目中只需有1门和高校所要求的选考科目相符即可报考相应专业的规则。上述两点叠加在一起，对某些要求特定选考科目组合的专业产生了较大的影响。其中最为典型的是临床医学等医学类专业。在指导意见实施之前，对临床医学专业各高校大多采用“物理或化学”的选考科目要求，即物理或化学两门科目中任意选考一门即可报考临床医学专业。而在指导意见实施之后，即从2020年起，临床医学专业的选考科目必须以“物理和化学”作为该专业的最低要求，但由于同时选考物理和化学的考生比例非常低，极有可能造成临床医学等医学专业生源基数不足，并导致其录取分数线出现下滑。但这种情况应当是暂时的，按照专业培养需要确定考生选考科目的方向应当坚持。

此外，还有学者建议更多采取以大类招生为基础的培养模式。高校可以推进相同选考科目的专业和院系之间的互动合作，构建招生专业大类，增强专业在招生方面的竞争力；同时，教学部门也应当协同配合，建立和完善学生入校后的大类培养方案，为大类招生提供可靠基础。按大类招生的优势在于：对考生而言，他们获得了更多的选择权，因为专业大类内包含的专业较多，使考生在进校后可以有再次选择专业的机会；对高校而言，大类中的“冷门”专业依托优势专业，可以避免因“招不满”而面临的风险。另一方面，大类培养与新高考改革“不分文理”的设计相辅相成，有利于培养学生的综合素养与创新能力。①

（三）高考计分新规则对招生选拔带来技术性挑战

这次高考改革除了实施科目选考之外，另一项重大改革是实施等级赋分，以使各选考科目的成绩可以相互比较。这不仅是一项技术性调整，更意味着整套计分录取规则的变化。原始分计分是一种标准参照的计分方式，即考生的分数取决于他的知识水平与题目难度的匹配程度。而作为一种相

---

① 翁灵丽，章杭科．新高考背景下浙江省高校生源选拔机制及其成效分析［J］．上海教育科研，2018（05）：5－9＋76.

对性评价制度，等级分计分则是根据某一考生在考生群体中的相对位置来对其进行赋分。以上海和浙江的实践情况而言，上海高考选考科目设立5等11级，每级相差3分，最低分40分，满分70分；浙江高考选考科则共分21级，每级同样相差3分，起点赋分40分，满分100分。等级赋分的主要优点在于不同科目间的成绩相对可比，且易于计算，便于理解。①

长期以来，高考招生采用总分录取的分数使用方式，已经被社会公众所接受，并成为体现高考公平的重要标志。因此在新高考改革方案中，高考考试结果依旧以总分的方式呈现，并且必考的语数外三门科目依旧使用原始分计分，体现了对高考传统的继承。而在选考科目上，出于使不同选考科目之间更具有可比性和避免分分计较等政策设计考虑，改革方案采用将原始分转换为等级分的方法，按照原始分排位对选考考生进行分级并按分级结果重新赋分。但这种分数处理方案导致不少考生有意避开难度较大的科目的情况，其中较明显的是在先行试点的上海和浙江选考物理的考生下降较多。这也在一定程度上改变了科目内分数分布形态。上述情况可以说是总分录取对选考科目提出的可比性要求迫使选考科目在计分方式上做出必要的让步。相较于原始分，等级赋分使不同科目分数相加具备了合理性，但付出了分数分布扭曲的代价。因此，我们需要在保留等级赋分整体框架的基础上，通过对技术细节的改进来完善当前的改革方案。

目前，有学者尝试设计了一个“分区调整”的动态赋分方案模型。这一模型的基本思路是：在“6选3”或“7选3”的模式中，选科失衡反映在某一选考科目的实际选考人数偏离合理的区间，据此认为若要避免选科失衡，就要形成一个从“实际选考人数”到“赋分结果”的反馈机制，同时构筑一个由“赋分结果”影响次年“选考人数”的反馈通道。该学者认为可以通过“分区调整”的方式实现动态赋分，把“实际选考人数”作为认定难度等级的依据，再根据不同的难度等级确定“每一难度等级对应赋

① 刘希伟，韩娟，翁灵丽. 新高考等级赋分制：学生认可度的实证研究——基于浙江省的实证研究［J］. 教育发展研究，2017，37（22）：31-35.

分人数比例”，从而实现提高高难度科目的“赋高分人数比例”。动态赋分既应对了高难度科目“强强比较”的现实，使选考学生不因选考人数过少而“吃亏”，同时还能影响和引导下一届考生科目的选择，修复失衡现象。[①] 动态赋分方案本质上是对学习难度较大、选考人数较少的科目进行调节保障的一种机制，以防止该科目选考人数发生断崖式的减少。目前，上海和浙江都已提出并实施了各自的新高考改革选考科目保障机制，对原来的等级赋分方案进行优化。对于物理科目，上海和浙江分别设定了1.5万和6.5万的最低保障人数，当实际选考人数少于最低保障人数时，即启动保障机制，以最低保障人数作为物理科目的选考基数进行计算赋分。例如，假设某一年高考上海有1万名学生选考物理，在没有保障机制的情况下，须考入前500名才能进入前5%的A+档，得到满分70分。采用保障机制后，以1.5万人保障基数为准赋分，学生只要考入前750名，就可以进入A+档，得到70分。这样，对于成绩在第501名到第750名的学生来说，有了保障机制，就可以从原先的A档进入A+档，在高考总分中多得3分。在启动保障机制的情况下，选考某科目的人数越少，得到A+档的考生比例就越高，防止了考生因某个科目选考人数过少而放弃选考该科目的情况发生。

四、高校招生选拔制度改革对基础教育的深远影响

（一）学生选考科目的“理科萎缩”现象引发争议

高校招生选拔制度改革中提出的选考模式对科目组合带来了新的问题与挑战，在先行实行考试招生制度改革试点的上海市和浙江省，“选考”制度的实施对教师、教学、学生、录取等都带来了深刻而重要的影响，特

① 杨燕燕，余文一．改“静”为“动”：新高考赋分办法修正对策——基于浙江省物理选考现状的思考[J]．教育发展研究，2017，37（22）：36－41.

别是学生和教师在选科上顾虑重重且存在博弈成分。选科的前提是学生对自己的兴趣、爱好以及未来的专业、职业选择等有一个比较清楚的认识，但实际上高中学生很难做到这一点。由于选考科目考试成绩也是高考成绩的组成部分，其高利害性是不容置疑的。如何权衡对于学生和教师来说都是一个难题。①

在选考科目中，理科问题比较突出，特别是新高考物理“遇冷”现象成为社会追踪的热点和焦点。也是其他即将进行高考改革省份面临的共性问题。

第一，“选择性”考试科目设置。率先进行高考改革的上海、浙江实行“3 +3”考试科目设置模式，考生从原来只有文理 2 种选择变为现在 20 种和 35 种科目组合选择。选择性就意味着多样性和多元性，因此，理科类科目报考人数一定程度的“萎缩”、文科类科目报考人数一定程度的“膨胀”在情理之中。改革之前，虽然形式不尽一致，但物理、化学等科目在性质上都是与语数外这三科一样的，都是属于统一高考科目。由于实施文理分科制度，大部分学生必须考物理、化学等科目。而改革之后，物理、化学等科目不再作为统一高考科目，而是作为学业水平考试科目。物理选考比例明显下降。这一现象已经引起相关部门的重视，后续实施高考改革的省市转而采用“3 +1 +2”的科目设置有望解决这一问题。②

第二，趋利避害的过度功利性选择。部分学生和家长为了追求高分而选择最有可能得到高分的科目，放弃了自己的兴趣和爱好。有些中学和教师在面对升学率的重压下，刻意引导甚至直接阻止学生选考物理。因此，教育研究者总结出高考选科的“田忌赛马”现象，所谓“田忌赛马”就是打听和揣摩其他学校和学生（尤其是那些高水平的学校和学生）会选择什

① 苏红. 对浙沪高考改革试点后中学“选课走班”的调查与思考［J］. 教育测量与评价，2018（05）：25 –30.

② 柯政. 高考改革需要更加重视科学学科［J］. 华东师范大学学报（教育科学版），2018，36（03）：13 –24 +166.

么科目，从而有意识地避开这些科目。最终结果就是，选考物理、化学等科目的学生大幅度减少，而选考地理、生物等学科的人数大幅度增加。以上海为例，地理、生物的选考人数是最多的，但是物理、化学依然是高分学生报考名校的首选。[①]

第三，高校选考科目设置不尽合理。不少高校为追求更多生源的“量”和更高投档“分”，对专业选考科目范围要求设置过宽，甚至放弃对物理科目应有的门槛要求，比如有的高校物理类专业或理科实验班招生选考科目未限定物理，其要求为物理或化学或生物，也有计算机技术类招生专业选考科目范围要求设置为技术或不限，有意避开了物理。[②]

第四，录取政策规定中制度性的“绕道效应”。浙江省《深化高校考试招生制度综合改革试点方案》规定：“高校根据自身办学定位和专业培养目标，分专业类或专业确定选考科目范围，但至多不超过3门”“考生选考科目只需1门在高校选考科目范围之内，就能报考该专业（类）”。3门选考科目之间属于“或”的关系，即使设置物理选考科目要求，只要不是唯一的，考生可凭借“绕道效应”避开物理科目选考设置的要求。当然，对于大学而言，无论再怎么限制，不同考生拿不同的科目成绩来竞争同一个录取名额的事情是必然会出现的。这就让所有考生都会去揣摩“我拿什么科目成绩去竞争是最有利的”。[①]

第五，现行赋分办法缺乏“纠偏”功能。无论是江苏“08方案”的等级形式呈现成绩，还是上海、浙江新高考方案的等级分形式呈现成绩，现行等级赋分办法的内涵本质，就是学生的最终成绩除了取决于自身能力外，还取决于跟他同时报考这门科目的学生能力。在事实上变相地推动了学生去打听了解，避开强势竞争。实际上选考物理的学生一般对于自己的学业能力较为自信，那些相对“弱势”的学生不愿意充当“分母”，为避开与

---

① 柯政．“选考”制度下的“田忌赛马”：原因与对策［J］．教育发展研究，2016，36（18）：32－38.

② 冯成火．新高考物理“遇冷”现象探究——基于浙江省高考改革试点的实践与思考［J］．中国高教研究，2018（10）：25－30.

优秀同伴者的“同台竞争”，就主动放弃物理，由此，选考物理考生的赋分“高开低走”，从而产生“逆向淘汰”效应。由于各学业水平选测科目本身的难度差异和报考相应科目的考生群体的差异，为了能在高考中取得相对好的成绩，并最终被高校录取，学生在选科中必然存在避难就易的现象。这导致中学教学中出现选择物理化学组合的人数逐年下降。[①]

第六，受技术课程的挤压。尽管把“通用技术”和“信息技术”合并为“技术”并列入选考科目是浙江的一大特色，但在客观上造成了对物理选考空间的进一步挤压。统计数据表明，物理选考人数下降的同时，选考技术的考生占比大幅度上升，一些本来选考物理的生源分流到技术科目上。[②]

我们知道，物理是公认的现代科学最重要的基础学科，不仅深刻地揭示客观世界规律，还形成了一整套独特而卓有成效的思想方法体系，对其他学科的发展和拔尖创新人才培养有极大的促进作用。中学物理的主要功能是培养学生的科学素养以及理性思维，对学生的成长意义不可低估。[③]

因此，需要对选考科目设置模式和“对应机制”加以引导。在要求高校和中学克服功利诱惑，高校科学设定选考科目范围，中学引导学生把国家需要和个人兴趣特长结合起来科学选科，杜绝反向引导行为的同时，要完善选考科目设置模式和“对应机制”。在选考科目设置模式上，要根据国家经济建设和社会发展、科技进步的需要，将物理知识纳入高考主科目，推广“3+1+2”选考模式（物理、历史两门中必选一科），并适当考虑选考科目之间的权重差异，适当提高物理等科目的权重。在“对应机制”的设计上，要考虑高校专业和学科对学生选考科目的匹配度，[④] 原则上，我们

---

① 鞠勤，张斓．高考模式下科学素养培养的困境与思考——基于江苏高考改革实践的思考［J］．华东师范大学学报（教育科学版），2018，36（03）：25－32＋166－167.

② 冯成火．新高考物理“遇冷”现象探究——基于浙江省高考改革试点的实践与思考［J］．中国高教研究，2018（10）：25－30.

③ 姜斯宪，等．加快“双一流”建设　实现高等教育内涵式发展（笔谈）［J］．中国高教研究，2018（12）：8－15.

④ 边新灿．关于新高考选择性问题的思考［J］．中国高教研究，2019（03）：39－46.

认为本科培养计划中需要修读“大学物理”课程的专业，都应该要求考生选考物理。教育部已就此问题向各高校提出了要求。

在评价端，如上一章所述，上海和浙江都已建立物理选考科目保障机制，这样既能满足相关专业的人才培养要求，和国家战略需求相适应，也能解除学生的后顾之忧，让学生在充分尊重自身兴趣志向的基础上进行选考。事实上，该保障机制不针对特定科目、特定年级，而是适用所有科目、所有选考学生，这也是目前较为切实可行的解决办法。当然，所有的改革都不是一蹴而就的。我们还是要及时梳理问题，思虑周全，积极推进深化改革。

（二）中学教育教学模式面临变革

新高考改革改变原有的资源分配规则，学生和高校的选择策略、中学的教育教学模式都需要进行相应调整。高校招生选拔制度改革使得学生有了更多的选择空间，必然要求高中学校提供多样化的课程教学安排，以满足不同学生选择的需要。

以前统一规划教学安排的行政班平行授课方式已经无法满足新高考改革的要求，学校必须实施新的模式。但是部分学校存在一些急功近利、违反教育规律的现象，例如高一年级并开科目过多，加重了学生课业负担。选修课程课时不足，屡屡遭到挤压。为了应对选考，确保两次考试机会，减少选修课时，用于增加必修课时和增开选考科目；还有一些学校强制学生在高一结束前提前确定所有选考科目，根据共同选考科目，实行“套餐”式的编班排课。①

高校招生选拔制度改革的新方案催生了选课走班的新常态。浙江省早在 2012 年深化课改时就实行了选课走班。新高考实行多次考试和选考后，大大促进了走班教学。经过一段时间的磨合和调整后，浙江省普通高中学

---

① 韩平，方红峰，任学宝，钱万军，王小平．浙江高考综合改革试点的创新实践与探索［J］．华东师范大学学报（教育科学版），2018，36（03）：158－165＋171.

校目前正在全面开展必修课程分层走班和选考科目选课走班教学，“网上选课、一生一表、走班上课”成为新常态。其主要形式有：

第一，全员走班。保留行政班，语文、数学、英语三科实行行政班教学或按不同学业水平分层走班教学，其他六门选考科目实行分层或分类走班，学生自主选课、走班教学。

第二，分部走班。目前普通高中规模大，平行班多，经常看到一个年级一栋楼的现象，这给走班和教学管理带来了很大困难。为此，有些学校保留行政班，将同一年级的班级分为若干不同的学部进行，语文、数学、英语实行行政班教学或分层走班教学，同一学部内的学生，选考科目实行学生自主选课、走班教学。这种模式通过分部，缩短了学生走班的距离，降低了走班管理难度，有利于教学过程管理与质量评价。

第三，“2 + 1”走班。根据“最大范围的选，最小范围的走”原则，高一按照行政班教学，在高一下学期或高二上学期要求学生提前确定选考科目，学校按照 2 门共同选考科目重新组建班级，语文、数学、外语和 2 门共同选考科目实行行政班教学，余下 1 门选考科目实行走班教学。这种“2 + 1”的走班模式，虽然通过编班减少了走班，容易管理，但势必产生学生提前确定选考科目、固化选考科目的现象，影响了学生的选择权。

在高考改革背景下，走班制教学按照学生自主选课、师生协同合作的原则进行教学，既是一种具备高度灵活性和流动性的教学模式，也是对现有的班级授课制的补充与完善。走班制教学在实践过程中呈现出三个突出特点。

第一，从“单一课程”转变为“多元课程”。所谓的“多元课程”是指课程不仅在数量方面有所增加，而且在内容和层次方面也会更加丰富；第二，从“一班一表”转变为“一人一表”。“3 + 3”或“3 + 1 + 2”高考改革打破了全班共享一表的固定模式。走班制把分类教学和分层教学有机结合在一起，给予每个学生选择课程和教师的机会，每个学生的学习能力存在差异性，学生“一人一表”的独特形式既可以推动学生着力加强优势科目，也可以帮助学生提升“短板”科目，最大程度地满足学生的发展需要，将新一轮高考改革的指导思想更好地落到实处；第三，从“固定班级”转变为“流动班级”。在走班制上课过程中，不同班级的学生因选择相同的课程而组成一个教学班，班级的构成冲破了固定的束缚，具有一定的流动性，教师、学生、教室可能随时产生变动。在授课方面，教师不再立足于“固定教师的班级”而是成为“固定班级的教师”，身兼多班教学任务的老师只需在固定的教室内开展教学工作即可。学生之间会随每门课程的开始和结束，不断组成新的教学班级，从而提升了学生的自主学习意志。与原有的行政班相比，走班制教学不止增加了班级的流动性，并且扩大了学生的交往范围。①

但是，教师的安排是根据学生的选课情况进行调整的，这点是存在一定问题的。比如，会导致部分学科教师比较紧缺，有些学科教师则比较富余的情况。在不少实施选课走班教学的地区，学生不仅具备自选科目的权利，还有选择教师的权利。他们更倾向于选择经验丰富的老教师，而不是那些年轻的新手教师。不仅如此，部分实施分层教学的学校，将选考某一科目的学生，分成 A、B、C 三层进行教学，而任教于 A 层教学班的教师往往是那些有经验、有成绩的老教师，而处于 C 层的往往是那些年轻的新手教师，久而久之教师结构的等级性会越来越明显。②

（三）中学课程改革与生涯教育成为新重点

尽管影响高考改革的背景和因素是多重的、复杂的，但就新一轮高校招生选拔制度改革而言，其最关键、最直接的因素就是为了深化高中课改，充分发挥高考在高中课改中的正面导向功能，从而真正意义上促进学生在

① 付光槐，陈金玲．新高考背景下高中走班制教学的问题及其应对［J］．教学与管理，2019（07）：23－26．

② 王润，章全武．选课走班背景下高中教师教学转变及其应对［J］．中国教育学刊，2018（06）：82－87．

共同基础上的个性化发展。近两年的实践证明，高考改革确实在很大程度上触动了高中教育的神经，高中课改进入了“刚性化”的新常态。①

同时，在全面深化课程改革、落实立德树人的背景下，考试招生制度改革从文理分科走向自主选择，为学生提供更多的自主发展机会与平台，更加突出学生兴趣与个性的发展要求。建立普通高中学生发展指导制度，指导学生学会选择课程、做好生涯规划是新高考改革的必然要求。就目前现状来看，高中生涯规划指导课程有待完备，基础教育中对职业生涯教育的重视程度有待提高。完备的生涯课程设置能够使得学生更了解自身和社会的需求，进一步明确未来专业、职业选择，从而更加理性地选择考试科目，减少选择的功利性、盲从性。此外，由于缺少了解的渠道，高中学生很难对大学专业的内涵深入了解，也就更难与自己的兴趣及未来规划结合起来综合考虑。这种情况下做出的选择，无法充分实现新高考改革“坚持自主选择，为每个学生提供更多的选择机会”的初衷。②

高中阶段是学生从未成年人向成年人过渡的重要阶段，也是学生个性养成、自主发展的关键时期，教育的重点不应该局限于知识传授和技能训练，而应该注重培养学生自主学习、自强自立和适应社会的能力，引导学生形成积极的情感、态度和价值观，提高综合素养。高中学校是中学生接受教育的主体，对促进学生生涯规划发展起关键性作用，不仅要传道、授业、解惑，也要为学生提供生涯规划的学习平台，帮助他们完善综合能力。高校也要积极参与高考制度改革，主动地与中学联动起来，提供更多大学的优质资源帮助中学生进行生涯规划，从而吸引更多符合培养要求、具有创新潜质的学生积极报考，提高生源质量和后续的培养质量。③

新高考带来的多元选择是综合性的，不是简单的学业匹配或者职业匹

---

① 冯成火. 高考新政下高中课改的评价、问题与策略——基于浙江省的实践与探索［J］. 教育研究，2017，38（02）：123－131.

② 李宝庆，魏小梅. 新高考改革的风险及其规避——基于风险社会理论的思考［J］. 教育发展研究，2017，37（12）：22－29.

③ 柳博. 选择性：高考制度改革的机遇与挑战［J］. 教育研究，2016，37（06）：72－80.

配，而是基于整个人的综合决策。因此，生涯教育要唤醒高中生的生涯意识，重视决策知识的传授和规划能力的培养，让他们对当前的自己有所认识，在充分认知自己和职业、教育信息的基础上，建立起自己和世界、未来的关联，知道自己为什么要学习、为什么喜欢学习某些科目。通过不断的学习和训练，形成自己的决策风格，提高决策能力，从而增强决策的成就感和获得感。促进社会资源、家庭资源和学校资源的整合，调动社会、校友资源和家长的积极性，发挥学校平台的桥梁作用，为学生的发展搭建一个可以利用的、走向社会和职业世界的真实平台与环境支持。①

高校招生选拔制度的改革与人才培养创新的实践需要经过较长的时间方能检验其成效。我们应以足够的定力和耐心推动这一改革和创新，又要及时总结经验教训，不断微调优化政策举措，集小胜为大胜，为推进我国教育现代化，建设高等教育强国做出贡献。

① 樊丽芳，乔志宏．新高考改革倒逼高中强化生涯教育［J］．中国教育学刊，2017（03）：67－71＋78.

专题七

高校服务国家战略需要和区域经济社会发展研究

国家和社会是大学成长的土壤和环境，大学发展承载着国家崛起和民族复兴的意志，肩负着服务国家和社会的使命。改革开放四十年来，我国高等教育快速发展，为国家培养了一批又一批杰出的建设者和接班人，为社会进步输出了宝贵的智力支持，以其特有的方式为国家崛起和社会进步做出了巨大贡献。以党的十九大召开为标志，中国特色社会主义进入了新时代，全面建成小康社会、全面建设社会主义现代化国家成为新时代的战略任务，新时代新征程，我国高校需要重新思考自身发展与服务国家和社会的关系，将服务国家战略需要和区域经济社会发展作为自身建设的出发点和落脚点。

本专题围绕高校服务国家和社会的内在逻辑、时代要求和实现路径等问题进行了深入研究，课题组认为：服务国家和社会是大学的外延发展，大学内涵建设和外延发展有机联系、辩证统一；大学要深刻体现服务国家和社会的时代要求，牢固树立服务国家和社会的办学理念，真正形成服务国家和社会的行动自觉；主动担当起文化兴国的使命、培养时代新人的使命、创新驱动发展的使命，全方位服务国家战略需要和区域经济社会发展，用实际行动肩负起时代赋予高校的责任和担当。

一、高校服务国家战略和区域经济社会发展的内在逻辑

学界普遍把社会服务和人才培养、科学研究、文化传承与创新并列一起作为大学的四大基本职能，认为大学的社会服务特指高校利用自身的知识和技术优势，直接为社会解决迫切的生产实际问题和社会发展问题服务。这种理解指的是直接社会服务或者说是狭义的社会服务，窄化了大学服务社会的概念，忽视了大学功能内在的逻辑联系，把社会服务与人才培养、科学研究、文化传承创新等功能割裂开了。事实上，大学从其诞生之日起，就以培养人才、创新知识来传承文化和服务社会；现代大学已经成为社会新思想新文化的源泉、倡导者和交流传播中心，还是新知识新技术的源泉、

创造者和转化转移中心，大学的优秀文化资源对社会进步具有重要的引领示范作用，人才资源和科技资源对经济社会发展具有重要的基础支撑作用。大学在文化引领、人才培养、科技创新方面都具有正外部性，大学为社会服务的最根本的方式是通过人才培养、科学研究、文化传承与创新来实现的。这是广义的社会服务观。人才培养、科学研究、文化传承与创新是大学的内涵，是大学之“体”；服务社会是大学内涵的外延，是基于大学本体而生发出来的功用。“体”是根本，“用”是目的，“明体”居于核心地位，是“达用”的基础前提，二者交融共存、相互作用，共同推动着大学的整体性发展。从这个角度看，大学内涵和外延的联系程度如何、相互作用发挥得怎样，直接关系到大学的未来。因此，从逻辑意义上讲，大学内涵建设和外延发展有着内在的、本质的和必然的联系。

大学内涵建设和外延发展是有机联系的，“明体”和“达用”不可分割。一方面，大学服务社会离不开内涵建设，“明体”方能“达用”。如果脱离内涵建设之体而追求服务社会之用，必然导致舍本逐末，使大学在服务社会中迷失方向、随波逐流。大学就像一棵有生命力的树，大学的内涵就是树的根。树通过深入地底的千百万条根不断地吸收营养成长自己，没有一棵树是没有根而可以成活的。阳光是树木生长的希望所在，大树必须为自己争取更多的阳光，才有希望长得更高。大学的内涵支配着大学成长的态势和能力，大学面向社会的姿态、服务社会的能力决定着大学之树的高度、颜色和形状。如果没有卓越的人才培养、科研研究和文化传承创新能力，大学服务国家和社会的本领就会很弱。另一方面，社会服务为内涵发展提供动力，“明体”还须“达用”。服务社会是现代大学的发展方向和动力源泉，“体”若无“用”，大学发展则难以持续。大学从来没有像今天这样走进社会的中心，也从来没有像今天这样对经济社会发展起着如此重要的作用，改变着人类文明和社会的发展方式与形态。大学在服务国家和社会的同时也为自身发展带来新机遇、新资源、新问题和新挑战。对这些新机遇新资源的观照和把握、对新问题新挑战的应对与化解，正是大学发展的不竭动力。

大学发展是内涵建设和外延发展的统一，要兼顾“明体”和“达用”。一方面，大学要首先专注于其本体，通过强化内涵建设推动外延发展。大学服务社会不能忽视人才培养这一核心任务，不能忽视基础研究和原始创新，不能忽视文化的传承和创新，要切实提高教育教学质量和学术研究水平，为国家和社会培养具有家国情怀、民族意识和担当精神的专业人才；要切实提高科技创新和成果转化能力，为国家现代化建设和全面建设小康社会提供科技支撑。另一方面，大学要以服务社会为发展方向，通过外延发展牵引内涵建设。服务国家和社会是大学找准自身定位和发展方向、获得持续发展动力的根本路径。大学要解决认识和态度问题，树立服务国家和社会的办学理念，形成服务国家和社会的行动自觉，把服务社会的理念渗透于教学、科研和文化建设之中，瞄准国家战略和区域经济社会发展需求，将大学发展与国家富强、民族复兴的历史任务结合起来，主动肩负起服务国家和社会的责任和使命。

二、高校服务国家战略和区域经济社会发展的时代要求

进入新世纪以来，我国步入了改革发展的关键阶段，经济建设、政治建设、文化建设、社会建设以及生态文明建设全面推进，工业化、信息化、城镇化、市场化、国际化深入发展，人口、资源、环境压力日益加大，经济发展方式加快转变，都凸显了提高国民素质、培养创新人才的重要性和紧迫性。中国特色社会主义进入了新时代，党和国家踏上了决胜全面建成小康社会和全面建设社会主义现代化国家的新征程。新的历史方位、新的社会主要矛盾、新的现代化时间表……实现中华民族伟大复兴，大学被寄予厚望。

（一）服务国家战略需要是高校发展变革的必然要求

现代大学肩负人才培养、科学研究、社会服务、文化传承创新、国际交流合作的任务，是人才第一资源、科技第一生产力和创新第一动力的重要结合点，在建设世界强国的任务中责任重大。纵观近千年来世界大国崛起的历史，国家发展同大学发展相辅相成是一个基本规律，国家的强盛依赖于其大学的强盛，哪里是世界大学的中心，哪里就是世界的科技中心，随后该国就成为世界的强国。英国是第一次科技革命的策源地，在18—19世纪发展成为近现代第一个超级大国；德国是第二次科技革命的策源地，在19世纪初跻身于世界经济大国地位；美国引领第三次科技革命，20世纪成为雄踞全球的超级大国。科技革命也是文化的革命，大学通过教育教学、学术研究发挥传承和创新文化的功能，在国家发展和社会进步中起了根本性、基础性作用。

早在17世纪，曾就读于剑桥大学的弗兰西斯·培根就喊出了“知识就是力量”的时代最强音，亚当·斯密在《国富论》中指出：“教育是国家繁荣富强的根本。”18—19世纪，牛津和剑桥已经是世界高等教育的中心，英国出现了牛顿、波义耳等许多科学巨擘和一大批科学成果。教育不仅开启了工业革命的大门，而且一直引领着整个工业革命的发展。在工业革命后期，一批以应用为目标的新型高等教育机构在英国各地应运而生，比如，利兹学院成为纺织研究中心，谢菲尔德学院成为钢铁研究中心，伯明翰学院成为酿酒研究中心，利物浦学院和纽卡斯尔学院成为航海研究中心，这些新型大学直接为当地工商业服务，在经济社会发展中发挥了重要作用。可见，在当时的英国，无论何种类型、何种区域的大学，都有着强烈的为社会直接服务的意识。

德国的崛起源于对教育的变革和创新。德国社会学家皮希特指出：“19世纪，德国在强大的文化国家中得以崛起，就靠了大学和中小学的扩建。直到第一次世界大战为止，德国的政治地位、它的经济繁荣以及工业发展，都建立在它当时现代化的学校体系和它具有世界声誉的科学成就的基础上。”① 19 世纪以前的德国大学与社会现实相偏离，与科技发展不相适应，对德国社会发展和民族统一没有发挥出应有的作用。直到 1810 年，被誉为“现代大学之母”的柏林洪堡大学建立，坚持“教学和科研相统一”的办学原则，充分发扬注重理性的民族文化传统，服务国家和社会开始成为大学的价值目标，重视发挥大学促进社会文明进步的引领作用。为了做到这一点，洪堡主张：“国家决不应指望大学同政府的眼前利益直接地联系起来；却应相信大学若能完成它们的真正使命，则不仅能为政府眼前的任务服务，还会使大学在学术上不断地提高，从而不断地开创更广阔的视野基地，并使人力物力得以发挥更大的功用，其成效是远非政府的近前布置所能意料的。”② “有好学校的国家才拥有未来”，到 19 世纪末，德国新建大学已超过 6000 所，德国成了世界高等教育的中心。教育创新和变革带来了超乎寻常的创新能力，世界上第一台大功率发电机、第一台电动机、第一台四冲程煤气内燃机、第一台汽车都在德国诞生。

美国的超级大国地位更是得益于教育的发展。20 世纪初，大量留学欧洲的归国人员和近二十万受迫害犹太知识精英进入美国，美国高等教育开始迅速超过德国，成为世界高等教育的中心。通过莫雷尔法案建立的赠地学院逐渐发展成为州立大学，创造性地提出了“威斯康星思想”，大学与社会生产实际紧密地联系在一起，对美国工农业发展起了很大的推动作用。大学的社会服务职能在“二战”以后进一步得到强化，以麻省理工和斯坦福为代表的研究型大学，以服务国家和社会为使命，重视原子能、电子计算机、空间技术等高科技领域的研发，在服务国家安全战略方面发挥了重要作用。哈佛大学更是服务国家和社会的典范。“先有哈佛，后又美国”这句名言描述的绝不仅仅是时间先后，它其实描述的是哈佛对于美国的持续性塑造作用。哈佛大学始终坚持追求真理与服务社会相结合的办学理念，

---

① 李其龙，等. 战后德国教育研究［M］. 南昌：江西教育出版社. 1995：总序.

② 弗·鲍尔生. 德国教育史［M］. 滕大春，译. 北京：人民教育出版社，1986：126.

不断孕育出服务社会的璀璨人才，在科技领域不断追求卓越，用大学的人文精神引领国家的成长，在服务国家和社会中实现了大学的全面发展，成就了哈佛大学的辉煌。

历史经验表明，时代变革和国家发展源于科技，始于教育，世界高等教育中心的转移为科技革命的发生提供了基础和前提；欧美发达国家的高等教育很早就有了服务国家和社会的意识，在国家崛起和社会发展中发挥了重要作用。特定的社会环境、历史阶段和发展机遇共同决定着大学的走向和命运，大学与国家、社会之间有着不可分割的共生互动。教育兴则国家兴，教育强则国家强。当今世界正处于发展、变革和调整的关键时期，第三次科技革命在向纵深发展，第四次科技革命同时悄然发轫兴起。21 世纪是知识经济时代，“高等教育比过去任何时候更加是社会的一部分”[①]，中国不能再失去发展机遇，大学必须按照国家发展的时代指向，以国家强盛、民族振兴为使命担当。这是大学发展的动力所在，也是创建世界一流大学的普遍规律。

服务国家战略需要和区域经济社会发展是时代赋予高校的新课题，高校社会服务功能的践行面临着新趋势、新使命和新任务。

首先，高校要为社会发展和时代进步提供文化引领，提升国家文化软实力。大学是社会文化和思想的引领者，植根于各自的民族文化和环境中；大学的成长离不开国家和社会的现实支持，更离不开自己的文化基础和社会土壤，否则就没有生长力和影响力。我国著名学者涂又光先生在《文明本土化与大学》中写道：“比方说，在武昌办一所科技大学，努力赶上并超过美国 MIT（麻省理工学院）这种雄心壮志，值得赞许，但是，如果忽略了中国人文这个中国文明的特色，即使赶上并超过 MIT，其文明史的地位和意义，也不过是美国 MIT 的武昌分校，如此而已。”[②] 真正的好大学一

---

① ［美］克拉克·克尔. 高等教育不能回避的历史——21 世纪的问题［M］. 王承绪，译. 杭州：浙江教育出版社，2001：273.

② 涂又光. 高等教育研究［J］. 1998（6）：5－7.

定有文化、有境界、有理想、有抱负，不仅能够引领科学和技术的发展，而且能够自觉承载起自己的文化使命、体现出应有的文化担当。

其次，高校要为国家现代化建设提供人才支持，提升关键核心技术领域人才支撑能力。随着供给侧结构性改革和国家产业布局升级的进程不断加快，迫切需要调整教育结构，推动高校转型发展，积极适应供给侧结构性改革对人才素质提出的新要求。要站在国家大局的高度来审视，深刻理解“转型”的意义和实质，把办学思路真正转到服务国家需要和地方经济社会发展上来，转到增强学生创新创业能力上来，转到培养国家和社会需要的不同类型人才上来。无论是新建本科院校还是其他高校，都面临着质量提升、内涵发展新阶段的巨大挑战，适应从粗放型、劳动力密集型经济向集约型、知识密集型经济的转型，更新人力培养结构，调整人才素质内涵，大幅提升服务经济社会发展的能力和水平，为经济转型升级提供高质量的人才支撑，为我国经济社会高质量发展注入新动力。

再次，高校要为创新型国家建设提供科技支撑，切实提高我国关键核心技术创新能力。当今世界，正处于百年不遇的大变局之中。中国虽是世界第二大经济体，但还只是中等收入国家，人均 GDP 只有 10098 美元（2019 年），不但水平相对较低，而且还有发展不平衡不充分的问题。从产业结构看，尽管近年来我国在很多“上天入海”技术方面都有所突破，但整体上我国还处在全球产业链的中低端，特别是我国在制造业很多方面是落后的。据有关调研显示，32% 的关键材料研发在中国仍为空白，52% 的关键材料、95% 的高端专用芯片、70% 以上的智能终端处理器和绝大多数计算机处理器、存储芯片，都依赖进口。应该说，我们原始创新能力不足、关键核心技术短缺的局面并没有根本改观。当今世界，各国之间是综合国力的竞争，是高科技产业的竞争，是知识产权保护下自主创新能力的竞争，大学在科技助推经济建设主战场方面，既大有可为，也必须有所作为。

（二）推动区域经济社会发展是高校发展变革的必要选择

在知识经济社会，知识成为创新活动中日益重要的组成部分，大学尤其是研究型大学作为知识的创造和扩散机构，成为区域创新的倡导者和主力军。大学通过与区域产业互动，源源不断地为区域创新系统提供知识和能力，实现对传统产业的改造以及催生新的产业，最终推进区域的内生性发展，同时大学也在所在区域社会发展相互适应的过程中逐步发展成为高水平大学。像美国的斯坦福、麻省理工、加州理工等著名研究型大学，不是从诞生之初就具有较高的知名度和强大的社会影响力，它们都是历经社会变革，不断发展演变的结果。麻省理工学院作为美国“128 公路”的先锋，极力倡导“创业型人才”的培养，倡导大学科研成果与企业相结合，促进科研成果迅速转化为商品。128 号公路两旁高技术产业区内的公司 70% 左右由麻省毕业生创办，IBM、ATT 等公司有许多高层领导均来自麻省理工学院；美国“硅谷”的奠基者斯坦福大学开创了“创新创业教育”的办学理念，通过实施“学术尖端”的构想，倡导“创新创业型人才”的培养，带动了大学周围电子科技公司和企业的发展，最终为硅谷的形成和发展奠定了基础，成为美国现代科技发展的动力之源。

服务区域经济社会发展是高校内涵建设的要求，也是新时代国家实施区域协调发展战略对高校的要求。近年来我国形成了各具特色和充满活力的区域经济社会发展形态，区域被视为实现国家总体发展和竞争力提升的核心力量。国家正深入推进实施的“一带一路”建设国家倡议，京津冀协同发展、长江经济带等重大区域发展战略，成为引领中国经济持续发展的强大动力。知识经济社会中的中国大学正在走向与社会协同发展的开放式过程中，通过大学生态系统的再造，积极主动参与为区域经济发展服务，逐渐形成了面向社会需求、具有变革活力的发展样态，在区域经济社会发展中的影响和作用更加凸显。时代发展把高校与国家战略需要和区域经济社会更紧密地联在一起，高校应适应这种发展趋势，更好地发挥综合优势，更加积极有效地服务国家战略需要和区域经济社会发展，这也高校实现跨越式发展的现实路径。

三、高校服务国家战略和区域经济社会发展的实现路径

（一）坚持“四个服务”，努力服务国家战略需要

新时代的中国大学应该走什么样的发展道路？担当什么样的责任和使命？习近平总书记在全国高校思想政治工作会议上明确指出：“我国高等教育发展方向要同我国发展的现实目标和未来方向紧密联系在一起，为人民服务，为中国共产党治国理政服务，为巩固和发展中国特色社会主义制度服务，为改革开放和社会主义现代化建设服务。”这一论断揭示了社会主义高等教育的价值和使命，为高校服务国家战略和区域经济社会发展指明了方向。大学必须积极投入当代中国的伟大社会变革，回应并解答改革开放和社会主义现代化建设进程中所面临的各种现实问题。这是中国特色社会主义大学的价值体现，也是我国高等教育最重要的战略任务。

1. 发挥文化传承与创新功能，提升服务国家和社会的文化引领能力，担当起文化兴国的使命

文化是民族的血脉，是国家强盛的根基所在。党的十九大报告指出：“没有高度的文化自信，没有文化的繁荣兴盛，就没有中华民族伟大复兴。”文化提供创新的土壤和环境，提供创新的力量和源泉。建设创新型国家和向现代化国家转型，不仅需要雄厚的经济基础支撑，还要有文化软实力的支撑。大学要坚持社会主义办学方向，强化大学组织的文化功能，提升服务国家和社会的文化引领能力。

一方面，大学充分发挥文化传承与创新功能，主动承担起引领社会进步的文化责任。把发展社会主义先进文化、培育和实践社会主义核心价值观作为重要的职责和使命，增强国民在新时代坚持和发展中国特色社会主

义的战略定力；肩负起保存、传播、培育民族文化，促进世界多元文化发展的责任，成为坚守并体现中华民族文化特征的大学，更加自觉主动地承载起对于中国、对于世界的文化使命，提升中国文化传播的国际话语权和影响力。另一方面，大学是继承和弘扬特色区域文化的载体，要主动承担起区域文化传承和创新的重要责任。通过区域文化与大学发展的双向互动，强化特色大学文化建设，提升大学特色发展能力；发挥大学文化传承与创新的资源优势，利用区域文化资源开发文化产品，推动区域文化产业和文化事业的发展，成为区域文化传承和创新的引领者。

2. 坚持立德树人根本任务，提升服务国家和社会的人才支持能力，担当起培养时代新人的使命

教育是培养人、造就人的社会活动，决定着一个国家和民族的未来。习近平总书记在全国教育大会上指出，“培养什么人，是教育的首要问题。”我国是中国共产党领导的社会主义国家，这决定了我们的教育必须把培养社会主义建设者和接班人作为根本任务，这是教育工作的根本任务，是教育现代化的方向目标。大学要真正做到以文化人、以德育人，不断提高学生思想水平、政治觉悟、道德品质、文化素养，担当起培养时代新人的光荣使命。为了建设社会主义现代化强国和实现中华民族伟大复兴的中国梦，必须要培养和锻炼一批德智体美劳全面发展的社会主义建设者和接班人。这是我国高校所必须承担的使命和责任。改革开放四十年来，随着科教兴国战略和人才强国战略的实施，我国已经成为世界第一人才资源和科技人力资源大国，但人才结构性不足的问题仍然突出。比如，随着人工智能产业的蓬勃发展，我国出现了 AI 人才供需严重不平衡的现状，这方面的人才缺口每年达 100 万人以上。又比如，随着国家“一带一路”倡议的深入推进以及“共同构建人类命运共同体”中国方案的提出，需要大量熟悉国际惯例与规则，掌握国际通用语言和专业知识的国际化人才。然而，我国在 100 多个国际组织中却普遍存在“代表性缺失”现象。人才是实现民族振兴、赢得国际竞争的战略资源，新时代的国家建设和社会发展对人才的渴求比以往任何时候都更加强烈。大学要坚持立德树人根本任务，发挥人才培养和人才集聚功能，提升服务国家和社会的人才支持能力。

一方面，高校要从战略的高度重视人才培养，造就能够担当民族复兴大任的时代新人。新时代的中国高等教育必须抓住培养德智体美劳全面发展的社会主义建设者和接班人这一根本任务，坚持以本为本，推进四个回归。目前，我国大学硬件条件都有很大改善，有的学校的硬件同世界一流大学比已经没有太大差别，但关键是要形成更高水平的人才培养体系。形成高水平人才培养体系，必须加强党的领导和党的建设，加强思想政治工作。办好中国特色社会主义高等教育，必须旗帜鲜明坚持党对高校工作的领导，加强党对高校的领导，加强和改进高校党的建设，这是办好中国特色社会主义大学的根本保证；形成高水平人才培养体系，要遵循教书育人规律和学生成长规律，要把党的教育方针贯彻于人才培养全过程，把立德树人融入思想道德教育、文化知识教育、社会实践教育各环节，努力构建德智体美劳全面培养的教育体系；形成高水平人才培养体系，要结合自身实际，系统分析国家战略需要和区域经济社会发展人才需求状况，紧密追踪人才培养目标与经济社会发展的契合度、人才培养质量与培养目标的吻合度、人才培养对经济社会的贡献度，深入推动需求导向的人才培养供给侧结构性改革，积极探索学科专业优化调整机制，建立以国家战略需要为导向、适应区域经济社会发展的人才培养体系。另一方面，高校要以海纳百川的胸怀聚才用才，打造支撑区域经济社会发展的人才高地。人才是大学发展的第一资源，要通过实施人才发展战略，用政策含金量构筑高端人才“磁力场”，把国内外的顶尖人才吸引过来，把学校内部的优秀人才凝聚起来，培养造就适应学校发展的高水平人才队伍；通过营造一流人才成长环境，优化学术生态环境，完善人才评价和激励机制，维护学术和学者的尊严，充分实现人才资源的价值。

3. 聚焦国家战略需要，提升服务国家和社会的科技支撑能力，担当起创新驱动发展的使命

科技创新是引领发展的第一动力。党的十九大报告 10 余次提到科技、

50余次强调创新，建设科技强国和创新型国家成为新时代的最强音。大学是科学研究的高地、科技创新的基地，还是知识溢出和科技转化的平台，在国家创新体系中具有重要地位。历史上，美国在科技领域推动实施了提升国家竞争力的“三大工程”，研究型大学在其中发挥了重要的作用。1941年开启的曼哈顿工程历时5年多，由加州伯克利分校、哥伦比亚大学等72所大学、1400余名顶尖科学家和工程技术人员参与；1961年开启的阿波罗登月计划历时11年，由加州理工大学、麻省理工学院等120多所大学参与；1990年开启的人类基因组计划历时15年、耗资30亿美元，由哥伦比亚大学、加州伯克利分校、斯坦福大学、宾夕法尼亚大学、麻省理工等著名大学参与其中。当今世界，全球领域的科技竞争更加激烈，美国把中国视为最重要的竞争对手，采取全面遏制战略。科技的发展靠教育，教育发展关系到国家安全，这是面对严峻国际竞争形势我们必须要有的清醒认识。大学要充分发挥科研资源优势，加强科技创新和成果转化，提升服务国家和社会的科技支撑能力。

一方面，建设社会主义现代化强国迫切需要基础研究发挥战略引擎作用，大学要把基础研究放在重要地位，充分发挥科研资源优势，提升科技创新能力，力争在前瞻性基础研究、关键共性技术、前沿引领技术和颠覆性技术创新方面实现突破，提升国家核心竞争力。另一方面，大学要重视应用技术研究和成果转化，认真思考学科链、创新链与产业链、服务链的对接问题，积极引导科研资源嵌入地方支柱和主导产业价值链，探索形成各具特色的科技成果转化机制和模式，破除科技成果转化的制度障碍，激发科研人员的创新活力，促进科研成果有效转化为现实生产力。

（二）立足地方需求，着力提升服务区域经济社会高质量发展

当前，国家正深入推进实施京津冀协同发展、长江经济带、粤港澳大湾区建设等重大区域发展战略，引领中国经济持续发展。各个区域的主体功能和发展思路不同，高等教育必须紧跟我国主体功能区的发展规划，认

真分析区域经济发展与高等教育之间的关系，围绕地方人才需求进行高等教育的布局结构调整，使高等教育发展方向与区域经济社会发展规划相符合，以区域内的高等教育布局结构调整为机遇和抓手，突出自身办学特色，支撑引领区域经济社会高质量发展。在这个方面，课题组对高校如何服务中西部地区高质量发展进行了深入研究。

中西部地区以黄河流域为主要范围，是中华文明的重要发祥地和传承创新区，也是我国重要的粮食生产核心区、资源能源富集区，在全国经济社会发展和生态文明建设格局中具有举足轻重的战略地位。

1. 保护、传承、弘扬黄河文化，以文化引领中西部地区高质量发展

黄河文化是中华文明的重要组成部分，是中华民族的文脉主干和精神原乡，黄河流域及其文化在中华民族形成和发展中始终发挥着核心和凝聚作用。一方面，高度发达的黄河流域经济、文化，向周边地区扩散、辐射，推动边疆同步又不平衡地发展；另一方面，多元区域的不平衡发展，又反复汇聚于黄河流域及其文化之中，引领黄河流域发展。这种相互推动，加速了中华民族共同体和中国整体经济文化的形成。从中国历史发展过程来看，统一与民族融合是中国历史发展的总趋势，中华各民族之间的融合一次比一次扩大与巩固，以黄河文化为核心的中华民族共同体不断壮大并日益巩固。因此，保护、传承、弘扬黄河文化，是为实现中华民族伟大复兴的中国梦凝聚精神力量的战略要求。

黄河文化深刻地影响着根植于黄河流域的大学，中西部高校要善于激活丰富的黄河文化资源，推动大学与黄河文化保护、传承、弘扬的双向互动，成为黄河文化保护、传承和弘扬的引领者。具体而言，高校要在推进黄河文化遗产的系统保护，深入挖掘黄河文化蕴含的时代价值，讲好“黄河故事”等方面发力，深入开展黄河沿线文化资源调查、黄河文化遗产资源开发利用研究，全面整理历代治黄工程文献，为推进黄河文化历史遗迹、文博馆院、红色旧址等整体性、抢救性、预防性保护提供智力支持；以历史文献为依托，以史实研究为基础，加强历史文化名镇名村、街区和传统村落保护方面的研究，保护传承功夫文化、曲艺文化、陶瓷文化等，深入挖掘黄河文化蕴含的时代价值，不断赋予黄河文化新的时代内涵和现代表达形式；围绕黄河流域历史文化、风土民情、发展成就、时代风貌倾力创作，推出思想精深、艺术精湛、制作精良的黄河题材重大作品，讲好新时代的黄河故事；开展国际文化交流合作，拓展文化传播渠道，传递具有中国价值理念的黄河文化。

总之，中西部地区高校要从国家的高度、全局的视野深度审视黄河文化，在保护传承弘扬黄河文化上引领探索，全面增强文化软实力、凝聚力和影响力，将区域文化、生态等资源优势融汇转化为中西部地区在新时代发展新优势。

2. 大力培养高层次人才，以人才支持中西部地区高质量发展

高等教育为区域经济社会发展提供人才支持，要结合各区域经济结构，通过区域协同、顶层规划、优化资源等主体功能区政策，形成多层次的、学科专业设置合理的、就近布局的创新高等教育人才培养体系，着力解决大众化教育快速扩大与区域经济结构转型升级之间不匹配问题，推进高等教育布局结构优化调整与区域经济的无缝对接，全面提升中西部地区高等教育人才质量。

高层次人才培养是国家创新体系的重要组成部分。研究生教育规模在一定程度上反映出区域高等教育学科建设的水平、科技创新和社会服务的能力。当前，我国经济结构优化和产业结构转型升级必然会对人才的层次提出更高的要求，必然要求培养大批的高素质创新型人才。课题组对高校高层次人才培养和区域经济发展水平的关系进行了深入研究，发现提升受教育者的年限对地方的经济贡献较大，尤其是研究生在区域产业转型升级等方面贡献极大，硕博研究生毕业人数与经济发展水平之间呈现正相关。

为了进一步分析人才输出的种类对经济发展的不同影响，课题组针对不同学历层次（博士、硕士、本科生、专科生等）毕业生分别对经济发展总量、区域经济以及对第一、第二、第三产业发展的影响进行了实证研究。

基于新经济增长理论，建立高校人才输出与区域经济关系计量模型，选取2003—2016年省级面板数据，运用STATA 14.0软件，分别从国家层面和区域层面对不同层次的人才输出与经济发展水平之间的关系进行实证研究，从而刻画出高校人才输出与经济增长互动的一般规律。研究结果显示：

第一，高校人才输出能够显著促进总体经济增长和产业结构升级，研究生的贡献最为突出。总体来看，在其他条件不变的情况下，高校人才输出总量每增加1%，可促进经济增长0.177%。各层次人才对经济增长都有正向的显著促进作用，博士、硕士、本科、专科毕业生对区域经济增长的弹性系数分别为0.094、0.137、0.100、0.123，即在其他条件不变的情况下，博士、硕士、本科、专科人才输出每增加1%，可分别促进当年区域经济增长0.094%、0.137%、0.100%、0.123%。从产业层面看，由于传统产业结构以第二产业为主，经济转型升级体现为第三产业比重上升，因此高校人才输出对第三产业的促进作用显示其能够有效促进产业转型升级。实证结果显示，专科毕业生对第一、第二产业增长有促进作用，而对第三产业增长没有显著影响；本科毕业生对第二、第三产业增长有显著促进作用，而对第一产业增长没有显著影响；博士、硕士层次人才输出对三大产业增长都有促进作用。其中博士、硕士、本科对第三产业增长的弹性系数分别为0.042、0.082、0.062，在促进产业升级方面，硕士研究生的贡献最为突出。

第二，高校人才输出与经济增长呈现明显的区域差异，研究生对中西部地区经济的正向促进作用最大。从毕业生总量上来看，东部地区、中西部地区高校人才输出对区域经济增长作用显著，其弹性系数分别为0.158和0.188。从不同层次毕业生来看，东部地区博士、硕士、专科毕业生对区域经济具有显著的正向影响，博士毕业生对东部区域经济影响作用最大，而本科毕业生对东部的区域经济发展影响不显著；中西部地区四个层次毕业生对区域经济增长均有正向促进作用，弹性系数分别为0.089、0.181、0.103、0.161，说明研究生对中西部地区经济的正向促进作用最大。

第三，各层次毕业生对三类产业结构的影响呈现出地区差异，研究生能有效促进中西部产业结构转型升级。东部地区硕士和本科毕业生对该区域第一产业具有正向影响，弹性系数分别为 0.083、0.176；博士、硕士、本科、专科四个层次毕业生均对区域第二产业具有显著正向影响，弹性系数分别为 0.231、0.242、0.275、0.290；而该地区四个层次毕业生均未对第三产业表现出显著的正向影响。中西部地区四个层次毕业生均未对该地区第一产业产生显著正向影响，而对第二产业有显著促进作用，弹性系数分别为 0.146、0.324、0.279、0.296；硕士毕业生对中西部地区的第三产业有显著的正向影响，弹性系数为 0.100，说明硕士毕业生能有效促进中西部产业结构转型升级。

通过对中西部 13 个省（的）高层次人才培养情况进行调查研究发现：近些年，中西部地区的博士、硕士毕业生数增长幅度较大，但是，省均毕业研究生数还处于非常低的水平。如，2017 年，我国东部地区 10 个省（市）省均博士毕业生 3721 人，而中西部 13 省（区）省均博士毕业生只有 193 人，相差 19 倍；东部地区省均硕士毕业生 25294 人，而中西部省均硕士毕业生只有 6248 人，相差 4 倍；我国中西部 13 个省（区）国土面积占全国的 66%，人口总数占全国的 35.84%，经济总量只占全国的 24.92%（详见表 7.1）。

表 7.1 2003—2017 年东部、中西部地区硕博毕业生数据比较表

年份/地区	东部				中西部			
	博士毕业生		硕士毕业生		博士毕业生		硕士毕业生	
	人数	比重	人数	比重	人数	比重	人数	比重
2003	11691	62.17%	48448	52.52%	527	2.80%	8961	9.71%
2004	14611	62.32%	66694	52.38%	689	2.94%	12838	10.08%
2005	17828	64.41%	83283	51.39%	769	2.78%	15844	9.78%
2006	22747	62.76%	111583	50.80%	1122	3.10%	22887	10.42%
2007	25604	61.75%	130435	48.24%	1363	3.29%	32224	11.92%

续表

年份 地区	东部				中西部			
	博士毕业生		硕士毕业生		博士毕业生		硕士毕业生	
	人数	比重	人数	比重	人数	比重	人数	比重
2008	27139	62.02%	142959	47.48%	1501	3.43%	39792	13.22%
2009	29505	60.64%	153441	47.56%	1716	3.53%	44541	13.81%
2010	29524	60.27%	161160	48.16%	1780	3.63%	47506	14.20%
2011	30730	61.11%	178724	47.07%	1920	3.82%	55025	14.49%
2012	31886	61.66%	208851	48.04%	2019	3.90%	64699	14.88%
2013	32283	60.75%	217804	47.30%	2157	4.06%	69140	15.01%
2014	34429	64.17%	232370	48.19%	2105	3.92%	73203	15.18%
2015	34734	64.59%	238712	47.96%	2007	3.73%	76045	15.28%
2016	35567	64.65%	248390	48.81%	2300	4.18%	79357	15.59%
2017	37213	64.12%	252939	48.64%	2507	4.32%	81223	15.62%

我们认为，加大中西部地区研究生培养力度是促进区域经济发展的有效路径。中西部高等教育是我国高等教育的重要组成部分，承担着为国家特别是中西部地区经济社会发展提供人才支持和智力支撑的重要使命。扩大中西部研究生的培养规模是促进区域经济发展及产业结构转型升级的一个有效途径。具体措施如下：

一要适当增加并优化学位授权点布局。推进“服务国家特殊需求博士人才培养项目”和“服务国家特殊需求硕士人才培养项目”试点高校的人才培养向中西部地区倾斜，增加中西部地区高校特殊需求博硕授权点布局，加强对中西部高校服务区域经济社会发展的政策扶持。比如：鼓励中西部高校根据自身区域经济特色，结合实际需求提出高质量的项目申请，教育部每年根据项目获批情况在原有博士点之外给予一定数量的博士及硕士研究生名额。

二要对中西部地方高校的国家重点学科给予重点布局和支持。因地因校制宜，加大力度支持水利工程、矿业工程、石油与天然气工程、新能源科学与工程、地质学、海洋科学、生态学等专业与战略性新兴产业相关专业，适当扩大优势特色专业的招生规模，培养应用型、技能型等区域经济社会发展急需的专业人才，支持洛阳、遵义、宝鸡等老工业城市调整改造，推动马鞍山、濮阳、大同、自贡等资源型城市摆脱传统发展模式依赖，加快实现转型升级。

三要增加对中西部地区研究生招生的名额，进行定向培养。增设东部高校研究生专项培养名额，专项招收中西部地区优秀应届本科毕业生或有志于中西部地区经济发展的其他地区应届本科毕业生，对接中西部地区经济特色、产业布局、行业特征与企业需求，划定相关学科专业门类，学生毕业后定向到我国中西部地区服务 5 ~ 10 年，为中西部地区输送其经济发展急需的高层次研究生人才。

3. 加强科技创新和成果转化，以科技支撑中西部地区高质量发展

课题组对高校科技创新的空间分布特征及其对区域经济社会的影响力进行了深入研究。

随着“211”“985”工程的实施，以及“双一流”建设的全面推进，我国高校的科研实力和自主创新能力不断增强。但是，高校科技创新水平空间分布不均衡问题亟待缓解。课题组以 30 个省级单位为样本，发现高校科技创新水平在空间上呈现分异特征，东南沿海地区高校科技创新水平高，西部地区创新水平低。通过将高校科技创新综合产出进行全局空间相关性分析，结果表明，创新综合产出水平在 2001 年、2009 年和 2016 年这三年中都表现为空间正相关性（图 7.1）。说明中国高校科技创新在省级层面上呈现出空间集聚的特征，即高校科技创新产出高的地区，其周边区域的产出也高；高校科技创新产出低的地区，其周边区域的产出也低。

通过进一步利用 LISA 指数对全国高校科技产出水平进行局部空间相关性分析发现，2001—2016 年间我国高校科技创新产出在省级层面上表现为东西部不均衡的特点：东部地区呈现科技创新产出高、区域产出也高的

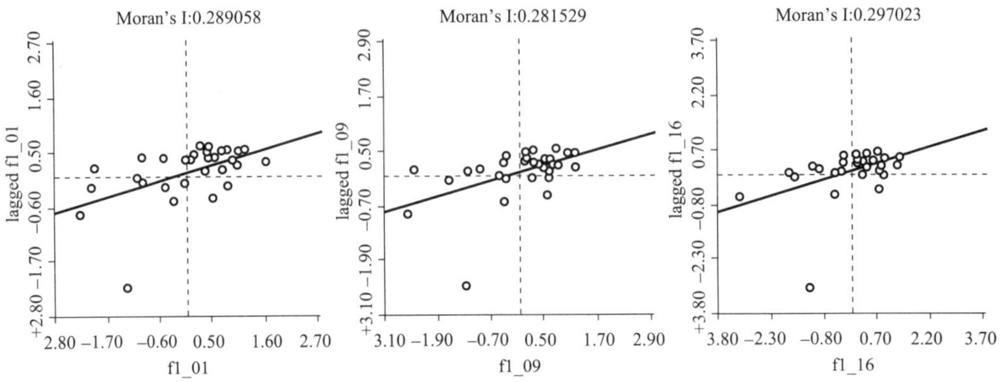

图 7.1　2001 年、2009 年、2016 年全局自相关 Moran's I 散点图

“高高集聚区”，范围从山东、安徽、江苏和浙江四个省不断扩大至东南沿海地区的长三角和珠三角区域；西部地区则表现为科技创新产出低、区域产出也低的“低低集聚区”，包括西北地区的新疆、青海、甘肃三省（自治区）和西南地区的云南、贵州两省。

我们认为，高校科技创新对区域经济发展的影响力有待提升。研究发现，基础研究对当地经济有促进作用，成果转化对当地经济增长没有作用。研究采用发明专利授权数、国外刊物发表论文数、出版专著数、国家级项目验收数四项指标来度量基础研究创新产出，用实用新型专利授权数来度量应用研究创新产出，用技术市场成交金额来度量科研成果转化。结果显示，国外刊物发表论文数和出版专著数的系数显著为正，分别为 0.034 和 0.03，表明国外刊物发表数量每增加 1%，区域经济增长 0.034%；出版专著数每增加 1%，区域经济增长增加 0.03%，从而验证了基础研究对区域经济增长有积极作用。发明专利授权数和实用新型专利授权数的系数不显著，表明二者对经济增长的影响效应不明显。技术市场成交金额的系数显著为负（−0.005），表明技术市场成交金额每增加 1%，区域经济增长减少 0.005%，说明了科技创新成果转化短期内对区域经济增长没有作用（表 7.2）。

表 7.2　高校科研创新产出模型估计结果

变量	基准模型	变量	基准模型
发明专利授权数	-0.004	技术市场成交金额	-0.005^{***}
国外刊物发表论文数	0.034^{***}	资本存量	0.095^{***}
出版专著数	0.03^{***}	劳动力水平	0.195^{***}
国家级项目验收数	-0.002	拟合优度	0.376
实用新型专利授权数	-0.004	观测点	360

注：$^{***}p<0.01$，$^{**}p<0.05$，$^{*}p<0.1$.

研究进一步将技术市场成交金额分解为国有企业成交金额、民营企业成交金额和外资企业成交金额。发现，高校与国有企业的科技创新成果转化对区域经济增长的影响效应为正，但并不显著；高校与外资企业和民营企业的科技创新成果转化对区域经济增长的影响效应显著为负（表 7.3）。

表 7.3　考虑所有制结构的高校科研创新产出模型估计结果

变量	基准模型	变量	基准模型
发明专利授权数	-0.002	技术市场中外资企业成交金额	-0.002^{**}
国外刊物发表论文数	0.03^{***}	技术市场中民营企业成交金额	-0.004^{***}
出版专著数	0.03^{***}	资本存量	0.088^{***}
国家级项目验收数	-0.001	劳动力水平	0.191^{***}
实用新型专利授权数	-0.003	拟合优度	0.388
技术市场中国有企业成交金额	0.0003	观测点	360

注：$^{***}p<0.01$，$^{**}p<0.05$，$^{*}p<0.1$.

研究发现，基础研究对地方经济增长有正外部性作用，科技创新成果转化短期内有负外部性作用。为了分析周边地区高校科技创新产出是否对本地区域经济产生积极的影响，课题组构建了空间计量经济模型。结果显示（表 7.4），周边地区的经济增长每增加 1%，本省的区域经济增长增加 0.153%；周边省份的发明专利授权数、国外刊物发表论文数、出版专著数的系数显著为正，分别为 0.023、0.051、0.028，意味着周边省份高校的发明专利授权数每增加 1%，本省区域经济增长增加 0.023%，周边省份高校的国外刊物发表论文数每增加 1%，本省区域经济增长增加 0.051%，周边省份高校的出版专著数每增加 1%，本省区域经济增长增加 0.028%。从而支持了基础研究对经济增长具有正向的外部性作用，对区域经济增长存在空间溢出影响效应（对周边地区的经济产生积极的作用）的成立。周边省份的技术市场成交金额的系数显著为负（-0.009），表明周边省份的技术市场成交金额每增加 1%，区域经济增长减少 0.009%，意味着科技创新成果转化短期内对周边区域经济增长有消极的抑制作用。

表 7.4　高校科研创新产出空间计量经济模型估计结果

变量	空间杜宾模型	变量	空间杜宾模型
发明专利授权数	-0.002	国外刊物发表论文数的空间滞后项	0.051***
国外刊物发表论文数	0.038***	出版专著数的空间滞后项	0.028**
出版专著数	0.025***	国家级项目验收数的空间滞后项	0.001
国家级项目验收数	-0.003	实用新型专利授权数的空间滞后项	-0.014
实用新型专利授权数	-0.004	技术市场成交金额的空间滞后项	-0.009**
技术市场成交金额	-0.003	资本存量的空间滞后项	-0.019
资本存量	0.067***	劳动力水平的空间滞后项	0.060
劳动力水平	0.196***	拟合优度	0.999
自变量的空间滞后项	0.153**	观测点	360
发明专利授权数的空间滞后项	0.023*		

注：*** $p<0.01$，** $p<0.05$，* $p<0.1$.

基于研究发现，我们从学校发展定位、组织协同、环境优化以及政府支持等角度提出建议。

第一，高校应明确自身的学科发展方向和在全国高等教育体系内的定位。强化在人才链、学科链、创新链方面与产业链、资本链、信息链的对接意识，积极引导科技创新要素嵌入地方支柱和主导产业价值链，促进科技创新成果有效转化为现实生产力。

第二，高校应加强与政府、企业、金融机构和中介组织之间的协同。

政府强化对高校基础性科技创新环节的资金支持，构建科技成果向企业转化的平台和机制，充分发挥科技金融和科技信息中介组织的作用，强化社会资本、中介组织在应用研究、科技成果转化阶段的投入和媒介作用，形成五个主体的联动和合力。

第三，高校应通过环境优化、机制创新、平台搭建、基地建设等提升自身科技创新能力，构建符合自身特点的有效的科技创新模式与服务模式。巩固提升与国有企业的合作，主动争取与民营企业的合作，积极成为高新技术企业的孵化器、技术创新基地以及创新创业人才的摇篮。

第四，政府应侧重支持基础性研究，加大对基础研发的资源投入。科学合理地调整资源分配比重，深化产学研机制和协同创新体系。

第五，政府对高校科研创新资源在空间上的投入应有针对性。加强中西部地区人、财、物等创新资源的分配，科学选择并打造若干个中西部地区创新增长极，带动周边高校科研创新增长。

为了进一步深入了解高校以科技支撑服务区域经济社会发展的机制，课题组对高校科研产出对城市全要素生产率的影响进行了深入研究。

城市是区域经济社会发展的中心，城市的发展质量决定这区域经济社会发展的水平。改革开放以来，伴随着中国经济的快速增长，中国的城镇化经历了显著的变化。1978 年中国的城镇化率是 17.92%，城市数量为 193，到了 2017 年，中国的城镇化率已经增长到 58.52%，城市数量增加到 657。中国经济的改革开放促进了私有化进程，导致了各种要素市场的出现，比如土地市场、劳动力市场和资本市场。各种生产要素在空间的流动方向取决于要素的报酬，也就是对产出的贡献率。另一方面，制度因素中国的城镇化进程起着不可忽视的作用。比如国家层面的城市发展战略，严格限制大城市规模，合理发展中小城市；户籍制度限制了劳动力的自由流动以及自上而下的土地配额制度等在深刻影响着城市化的进程。

高等院校作为一种制度性教育资源和研发资源，一方面为城市发展提供必要的人力资本，另一方面，其作为科技创新的主体源源不断提供知识的创造。科技创新离不开知识，高校作为知识源，是创新体系中的一支主力军。高校科研创新作为知识创新体系的重要组成部分，对经济的影响机制一直受到广泛的关注。随着我国高校211、985工程的实施，以及“双一流”建设的全面推进，高校的科研实力和自主创新能力不断增强。同时，新时代对高校服务社会与自身能力建设提出了新要求，高校应充分发挥科研资源优势，加强科技创新和成果转化，努力提升在服务国家战略需要和区域经济社会发展中的能力和作用，担当起创新驱动发展的职责和使命。

科技创新活动具有异质性，具体可以分为科学研究和技术开发，二者对经济增长和全要素生产率的作用也各不相同。如果简单地将所有的科技创新活动视为没有差别的，将会导致误导性的政策建议。分开来说，科学研究可以分为基础研究和应用研究，二者都是以创造知识为目的，而技术开发则是利用已有知识进行价值创造活动。科技创新的主体包括高校、科研机构和研发型企业。对于高校和科研机构而言，其在科学研究部分的比重大于科技开发部分的比重，其中高校在基础研究和应用研究都有所兼顾，而科研机构更加重视应用研究。研发型企业在创新活动上更加偏重于技术开发，即利用已有知识进行价值创造。

基础性研究产出通过其产生的基础性科学知识改变人们对事物的认知，随着科学知识的广泛和深入传播，改变人们的思维方式和认知方式，从而影响人们的行为方式和生产方式。在这一过程中，高校通过人才培养、科学研究和社会服务等活动，将其知识发现和文明传承的成果向外传播辐射。应用型研究产出是通过某一行业在生产工艺或技术上的创新对区域经济发展发挥直接的作用，其辐射范围可能会小于基础性研究产出，对区域经济发展的影响也要小于基础性研究产出。科技成果转化是将基础性研究产出和应用型研究产出的成果进行价值创造，如果企业以专利的形式购买高校的科技成果，短期内购买成本相对较高，需要相当长的时间借助科技成果转化利润来回收成本，由此短期内往往表现为对区域经济发展的抑制作用。

但从长期来看，随着科技成果外溢效应的不断释放，其对区域经济发展的积极作用将逐渐显现。

课题组基于2007—2016年间城市单元的面板数据，考察了高校科研创新产出对城市全要素生产率的影响机制和作用方向。研究数据主要包含两大类，第一类是城市层面的基本经济数据，本研究的城市主要指地市级以上的城市，数据来源于《中国城市统计年鉴》（2008—2017）；第二类是高等学校科研创新产出数据，来源于《高等学校科技统计资料汇编》（2008—2017），参见表7.5。

表7.5　城市数量和高校数量

年度	2007	2008	2009	2010	2011	2012	2013	2014	2015	2016
城市数量	287	287	287	287	288	289	290	290	291	297
高校数量	787	826	977	969	976	1040	1076	1152	1500	1815

注：高校数量同时包括本科和专科高校。

研究结果表明：

第一，科技经费投入对城市全要素生产率有正向的促进作用。高校科研产出具有异质性，不同类别的科研产出对全要素生产率的影响是不一样的。论文发表数量对全要素生产率的影响显著为正；技术成果转让收入对全要素生产率有正向的促进作用，而专著数量没有表现出对城市全要素生产率的促进作用。

第二，高校科研产出对全要素生产率的影响主要集中在城市层面，或者说主要集中在非农产业；高校科研产出对于广大农村地区和农业发展的促进作用是不显著的。

第三，在所有高等院校当中，本科层次的科研产出对全要素生产率的促进作用更大。

据以上分析的结果，提出以下政策建议：科技创新促进了区域经济发展，高校要不断提升自身的科技创新能力，构建良好的创新服务生态系统。

第一，强化政府在高校基础性科技创新环节的资金支持，构建科技成果向企业转化的平台和机制，充分发挥科技金融和科技信息中介组织的作用，强化社会资本和中介组织在应用研究和科技成果转化阶段的投入和媒介作用。

第二，高校应明确自身的学科定位和在全国高等教育体系内的分工，找准国家战略需要和区域经济社会发展的关键环节，强化在人才链、学科链、创新链方面与产业链、资本链、信息链的对接意识，构建科技创新供需对接机制，加快科技创新成果有效转化为现实生产力。

第三，高校应通过环境优化、机制创新、平台搭建、基地建设等提升自身科技创新能力，构建符合自身特点的有效的科技创新模式与服务模式，巩固提升主动争取与企事业单位的合作，积极成为高新技术企业的孵化器、技术创新基地以及创新创业人才的摇篮，为区域经济社会发展提供强有力的科技支撑。

第四，政府应侧重支持基础性研究，加大对基础研发的资源投入，科学合理地调整政府在基础性研究和应用性研究的资源投入分配比重；利用市场机制使企业成为应用型研究的主要承担者，深化科研体制改革，有针对性地建立高校与不同所有制企业的产学研机制和协同创新体系。

总之，中西部高等教育是我国高等教育的重要组成部分，也是高等教育实现现代化发展的重要指标。由于中西部地区地理位置欠佳、经济结构布局失衡、优质教育资源稀缺，高等教育质量一直处于落后状态。新时代中西部高等教育发展需要按照内生性的战略布局，实现区域高等教育协同发展。建议国家立足中西部经济社会发展实际，继续支持中西部高校改善办学条件，提高办学水平，办好一批高水平大学；中西部高校自身需要在人才培养结构、科学研究生产力、创新发展体制机制等方面实现突破与转型，通过供给科技成果、智力支持、高端人才服务于区域经济社会发展需求，以高质量的内涵式发展服务区域经济社会高质量发展。

四、高校服务国家战略和区域经济社会发展的评价体系

通过深入研究，本课题形成了高校以文化引领、人才支持、科技支撑服务国家战略和区域经济社会发展的理论框架，并在此基础上，构建了高校服务国家战略和区域经济社会发展能力评价体系。

（一）指标体系的构建

1. 文化引领

文化是社会意识形态以及与之相适用的制度和设施。从内涵与外延的角度出发，在“文化引领”目标层下设“文化资源”“文化交流与传播”“社会影响力”三个一级指标。“文化资源”体现了高校自身文化建设（内涵）；“社会影响力”体现了高校社会声誉（外延）；“文化交流与传播”体现了高校文化由自身向周边区域辐射的过程，是连接高校文化内涵与外延的桥梁。

高校文化服务区域经济的前提是实现高校文化资源的有效配置，文化资源的丰富程度和质量也直接影响高校文化服务社会的效果。高校自身拥有的人文社科研究机构与图书馆资源不仅可以为自身文化建设提供基础，还可以直接为高校所在区域提供服务。在“文化资源”指标下设“人文社科研究机构”和“图书馆资源”两个二级指标。

高校文化想要发挥引领作用、达到服务社会的目的，必须与外交流、对外传播，其过程可以表现为两种形式：一种是面对面交流，如高校主办、承办国际会议；另一种是将高校文化转化为作品形式向外传播，如高校发表的文化作品。故在“文化交流与传播”指标下设“国际会议”和“文化作品”两个二级指标。

高校以其人才优势和科技优势，在文化传播过程中的影响力巨大，对于引导青年进步、促进社会发展都具有深远的影响。因此将“社会影响

力”作为衡量高校文化引领作用的第三项重要指标。高校培养的学生质量决定了高校向社会输送人才的层次，学生质量又分为生源质量和毕业生质量：生源质量代表的是高校对社会的影响程度，毕业生质量代表的是用人单位对高校影响力的认可程度。因此在“社会影响力”指标下设“生源质量”和“毕业生质量”两个二级指标。

2. 人才支持

人才是人力资源中能力和素质较高的劳动者。对高校人才培养的考量需要包括很多方面，如人才数量、人才质量、人才构成等，其中适应当地经济结构的人才结构是推动地区经济快速发展的重要力量。

从内涵与外延的角度来说，高校的人才输出是外延，人才培养是内涵。人才输出水平高低直接代表着高校在人才方面服务社会的能力，因此本评价体系把“人才输出”作为衡量高校人才支持的重要指标，进一步下设“毕业生人数”与“毕业生平均工资”两项二级指标来测量“人才输出”水平，其二者分别考察了人才的数量和质量。另一方面，人才的输出依赖于高校的培养，习近平总书记强调，高校应抓好三项基本工作，即坚持正确政治方向，建设高素质高校教师队伍，建设高水平人才培养体系。由此可见，高校人才培养的内涵建设是高校通过人才支持来实现服务社会的重要抓手。据此，本评价体系建立包含以上三项基本工作的“人才培养”变量，将其作为衡量高校人才支持的另一重要指标。进一步下设“师资队伍”和“平台建设”两项二级指标来测量“人才培养”水平，其中师资队伍反映的是高校在人才培养方面投入的人力资本，其包括师资结构、师资学历、高层次教师比例等，这些内容能够从数量和质量两方面综合考察高校的师资力量；平台建设是高校在人才培养方面提供的物质资本，包括本科专业设置、优质教学资源和学位点建设等，这些内容能够反映出高校人才构成与地域经济特色的匹配，以及高校人才对区域经济发展的贡献。

3. 科技支撑

科技即为科学技术，科学解决理论问题，技术解决实际问题。科学要解决的问题，是发现自然界中确凿的事实与现象之间的关系，并建立理论把事实与现象联系起来；技术的任务则是把科学的成果应用到实际问题中去。高校科技创新能力是指高校通过有效利用和优化配置各种科技创新资源，以知识创新、技术创新、管理创新、制度创新为主要创新形式，形成的一种以科技生产竞争力、科技成果产出力、科技成果转化力为代表的综合性能力。

鉴于此，探索高校社会服务能力中的科技水平则指高校通过自身的科技生产竞争力、科技成果产出力、科技成果转化力来服务国家和区域经济发展的过程能力。因此，本指标体系将科技支撑的一级指标分为基础研究（学术）、创新研发（技术）、技术转移（转化）三个阶段，涵盖了科学技术从理论产生到实际应用的全过程；同时，从高校社会服务能力的内涵和外延的角度出发，将科技支撑的一级指标继续下分为资源和成果（二级指标），即基础研究下设学术资源和学术成果，创新研发下设科技资源和科技成果，技术转移下设转化资源和转化成果。其中，资源表示高校对该方面的投入强度（内涵），包括人员、资金等的投入；成果表示高校这方面的产出效果（外延），包括专著、论文、获奖、收入等。这些指标能够全面的衡量高校社会服务过程中的科技能力。

4. 高校社会服务能力评价体系

在研究基础上构建了高校社会服务能力评价体系，如图 7. 2 所示。

（二）数据获取与处理

1. 数据来源

指标体系研究选取样本为河南省 36 所公办本科高校（河南省公办本科高校有 38 所，但因河南财政金融学院与铁道警察学院缺失相关数据，故暂不计入评价）。相关数据来源于河南省教育厅、《高等教育基层统计报表》、《河

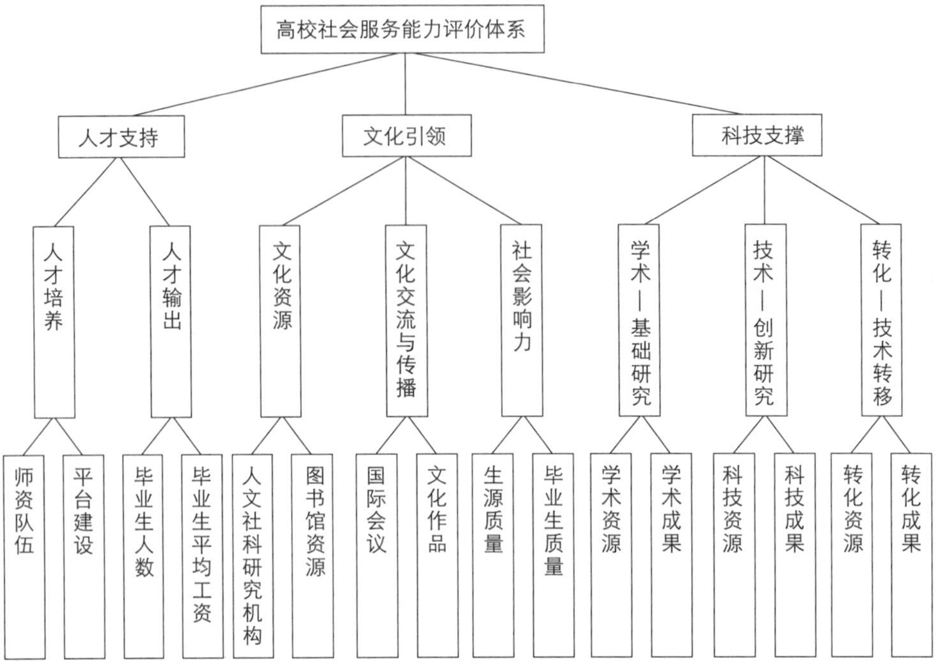

图 7.2　高校社会服务能力评价体系

南省教育统计提要 2017》、《2017 年高等学校科技统计资料汇编》、中国教育在线、中国知网、中国学术会议网、新华文摘官网以及各高校官方网站。

2. 权重确定

根据客观性与适用性原则，整个指标体系的赋权评述如下：

一级指标权重的确定。将高校社会服务能力分为文化引领、人才支持与科技支撑，由于这层指标需要较准确的衡量，所以拟采用德尔菲法确定目标层和一级指标的权重。专家拟选择高校教育与管理、政府教育管理部门以及社会组织相关专家，采取独立填表确定权数的形式，经过三到四轮的函调后确定最终指标体系的权重。

二级指标权重的确定。拟通过层次分析法进行赋权，层次分析法是一种解决测度难于量化的复杂问题的手段，它能在复杂决策过程中引入定量分析，并充分利用决策者在两两比较中给出的偏好信息进行分析与决策支持，既有效地吸收了定性分析的结果，又发挥了定量分析的优势，从而使评估过程具有很强的条理性。

操作层指标权重的确定。根据中国科技统计年鉴中研究与开发机构的人员投入比例来确定国家级研究机构和省部级研究机构的权重比例是4∶1。根据普通高等学校图书馆评估指标中对于纸质图书和电子图书的规定，将生均图书数量和生均数字资源量的权重各设为50%。博士后/博士/硕士/本科/专科的赋权比例按照受教育年限分配，博士后以11年计，博士生以9年计，硕士生以6年计，本科生以4年计，专科生以2年计，故博士后∶博士∶硕士∶本科∶专科=11∶9∶6∶4∶2。综合参考各类别各层级高校科技学术奖励规定，结合《高等学校科技统计资料汇编》统计分类，确定学术论文数中国外及全国性刊物和其他的权重比例是9∶2，成果授奖中国家级奖和其他的权重比例是5∶2。其余指标按照所在层级进行平均赋权。根据指标体系的权重，对高校相关统计数据进行整理和计算。

3. 数据处理

基于2017年度截面数据，将各观测点指标表现最优的得分记为100分，其他高校按其指标值与该项最高值的比例计算得分，即$f_i=60+x_i/x_{\max}\times 40$。根据高校各指标得分及权重计算其加权平均值，得到三级指标得分，以此类推计算一、二级指标和目标层得分，三个目标层的加权得分即为高校社会服务能力的总得分。

（三）评价结果

课题组根据所获原始数据及确定的权重，计算河南省36所公办本科高校社会服务各目标层得分，以及河南省高校社会服务能力评价结果。相关评价结果将适时公布。

（四）问题及解决方案

1. 存在的问题

课题组在指标体系构建与数据搜集过程中，发现如下难点：

一是数据的可获得性。文化部分的社会影响力拟采用“官微粉丝活跃度”和“舆情分析”来表示，但该指标数据在公开的网站和文件中难以获取；人才部分代表毕业生质量的“毕业生平均工资”36 所高校中有 15 所未能公开查询到；科技部分转化资源中“校办企业数”是高校科技成果转化和产业化、提高国家高新技术产业水平、促进区域经济发展的重要阵地，该指标在各高校《高等教育基层统计报表》中呈现，但其资料多为高校内部资料，不对外共享，故无法获取。

二是数据的统计口径。科技成果中“专利申请授权数”代表高校科技部分产出能力，转化资源中的“R&D 成果应用与科技服务人员全时当量”和“R&D 成果应用与科技服务经费”囊括了高校技术转移所需的人力和财力基础，而这些指标在《高等学校科技统计资料汇编》中只有省级口径的数据，缺乏具体高校数据。

2. 解决的方案

由于上述指标数据不易获取，课题组拟采用其他可获得的指标替代原有指标，具体替代情况如下：

对于文化部分的社会影响力指标，用“生源质量”和“毕业生质量”替代“官微粉丝活跃度”和“舆情分析”；对于人才部分的毕业生质量指标，用“毕业生就业率”替代“就业平均工资”；对于科技部分指标，用“鉴定成果数”替代“专利申请授权数”，用“科技课题投入人数”替代“R&D 成果应用与科技服务人员全时当量”，用“科技课题支出经费”替代“R&D 成果应用与科技服务经费”，用“科技课题数”替代“校办企业数”。

总之，高校服务国家战略需要和区域经济社会发展研究是一个宏大课题，既要关注学校自身内涵建设的生动实践，也需要考量国家和区域经济社会发展的战略布局。课题组通过理论与实证相结合，课题研究和成果转化相结合，取得了阶段性研究进展，下一步，将围绕国家正在推动实施的重大区域发展战略进行深入研究。

后　记

新时代催生新使命，呼唤新作为。在杜玉波同志任会长的新一届理事会领导下，中国高等教育学会高度重视高等教育新型智库建设，经反复研讨、多方论证，于2018年启动了“中国高等教育改革发展重大理论与实践问题研究”重大专项工作。这一重大专项工作成为学会建设高等教育新型智库的重要抓手，为服务高等教育改革发展、服务政府部门宏观决策、服务高等学校办学实践、服务高等教育理论探索提供智力支撑。

本次编撰工作，由中国高等教育学会会长杜玉波直接领导，林蕙青、管培俊、张大良、孙维杰、姜恩来、王小梅等学会领导具体指导，管培俊、邱勇、刘伟、刘川生、姜斯宪、陈骏、刘炯天等课题负责人亲自领衔研究，学会副秘书长郝清杰、秘书处学术部主任高晓杰和中国人民大学教育学院副院长李立国全面主持编撰工作。其他参与课题研究的主要成员有：

“习近平总书记关于教育的重要论述研究”：周光礼、胡莉芳、薛欣欣、张伟等；

“提升高校思想政治理论课教学的亲和力和针对性研究”：杨晓慧、黄蓉生、李晓兵、王树荫等；

“中国特色一流大学和一流学科建设标准及评价体系研究”：史静寰、郭菲、罗燕、钟周、雷环等；

“一流大学建设与一流本科教育研究”：吕林海、宗晓华、余秀兰、王运来等；

“一流大学内部治理结构与人才战略研究”：王希勤、眭依凡、阎凤桥、刘波、李立国、蒋凯等；

“高校招生选拔制度改革与人才培养创新研究”：徐学敏、吴静怡、王琳媛、杨颉、陈悦、关汉男等；

“高校服务国家战略需要和区域经济社会发展研究”：张庆辉、杨光钦、王海杰、王淑英、褚金勇等。

学会秘书处学术部王怡倩、梁显平负责具体编辑及校对工作，中国人民大学教育学院吴秋翔、王梦然、秦佳丽、刘湉祎、孔苹、隋新然，中国人民公安大学高文豪等做了大量资料整理工作。

尽管如此，本书依然可能存在诸多瑕疵和不足之处，欢迎读者多提宝贵意见。

编　者

2020 年 3 月